주 예수를 믿으라

그리하면

너와 네 집이 구원을 받으리라

(사도행전 16:31)

가족 구원으로 천국 가정 이루자

왜 살리셨을까

임정순 신앙간증집

교음사

| 작가의 말 |

하나님의 인도하심은 도저히 이해할 수 없을 때가 많다. 무의식에 있었던 것을 하나님은 알고 계신 걸까? 그토록 끈질기게 기도했던 『왜 살리셨을까?』에 하나님은 나의 삶을 온전히 드리시길 원하신다는 것을 깨달았다. 그럼 내게 주신 달란트는 신앙 간증문을 쓰기 위함인가?

주께서 보시기에 선하게 행한 것을 기억하옵소서
하고 히스기야가 심히 통곡하였더라 이어 내가 네
기도를 들었고 네 눈물을 보았노라(열왕기하 20:3~5)

쓰나미처럼 몰려왔던 고난을 통해 살아 낼 수 없는, 가장 밑바닥까지 내려갔을 때 나도 선한 것을 기억해 달라고 울부짖었던 생각이 난다. 오로지 하나님만 바라보고 의지하도록 하셨다.

모래사장에서 어느 순간 한 사람 발자국만 남았을 때 주님은 '네가 가장 힘들었을 때 내가 안고 갔다'라는 말씀을 생각했다. 몇 년 동안 이어지는 투병 생활하는 동안 홀로 있어도, 전혀 외롭지 않을 정도로 함께해 주신 은혜를 어찌 갚으오리까를 수없이 고백했다.

거의 같은 시기에 함께 투병 생활하던 친구 세 명이 떠났다. 그리고 오히려 날 불쌍하다며 안아 주던 분도 몇 년 전에 이별했다. 이런 헤어짐을 볼 때마다 이별은 예고가 없고 결코 아름다운 이별은 없다는 것을 깨달았다. 이별은 영영 헤어지기에 다시 만날 준비를 해야 된다. 그게 바로 영혼 구원이다.

특히 가족과의 이별은 더욱 그렇다. 그래서 가족 구원이 무엇보다 중요하다. 온 가족이 다 하나님을 인격적으로 만나면 가치관이 변하고 인생관이 바뀐다는 마음이 간절해서 나의 신앙 간증은 시작되었다.

신앙 간증을 통해 하나님을 알지 못하는 사람들에게 전파되길 원하셨던 하나님. 영혼을 살리는 복음으로 가정이 하나 되고 천국으로 변한다면 그 가정을 통해 그리스도의 향기가 점점 퍼져서 만나는 사람마다 모두 행복해지기를 바라는 마음이다.

오늘도 예수님은 당신을 기다리고 계십니다.

2024년 12월 저자 임정순

| 축간사 |

  이 책은 저희 청주중앙순복음교회 임정순 권사님의 '신앙간증집'입니다.
  한 장, 한 장이 신앙의 고백이요, 삶의 기도요, 고통의 승화로 이루어진 이 값진 책이 많은 사람에게 읽혀서 우리 권사님과 똑같은 고백과 기도와 승화가 그들의 삶 속에서도 꽃피어지길 기도해 봅니다.
  이 책을 읽으며 우리 하나님 아버지는 시인에게 시인처럼 다가가셔서, 시인처럼 위로하시고, 시인처럼 손잡아 주심을 느꼈습니다.
  고통의 끝자락에서 들었던 가슴 찢는 말 한마디로 인해 돌아오고 싶지 않은 산자락에 앉아 눈물지을 때, 우리 주님은 활짝 핀 벚꽃으로 말 걸어 주시고 밤하늘의 별로, 푸른 들의 바람으로 고통을 감내하던 권사님을 안아 주셨던 것을 느꼈습니다.

그렇게 천천히, 그러나 쉬지 않고 걸어온 신앙의 오솔길에서 발간되는 이 귀하고 소중한 책인 『왜 살리셨을까』를 조용히 묵상하듯 읽어 보시기를 기쁜 마음으로 추천드립니다.

이 책을 읽고 난 후에는 벚꽃으로, 바람으로, 하늘의 별로 웃어 주시고 손잡아 주시고, 안아 주시는 우리 하나님의 따뜻한 마음을 느끼실 것입니다.

감사합니다.

2024년 12월

청주중앙순복음교회 당회장 김상용

차례

‣ 작가의 말
‣ 축간사

1 하나님 음성을 듣다

왜 살리셨을까? … 19
가족 구원으로 천국 가정 이루자 … 22
12살에 만난 하나님 … 27
오산리 기도원에서 성령 받음 … 31
청주중앙순복음교회 등록 … 36
드디어 남편 전도 … 40
하나님 음성을 듣다 … 46
내 잔이 넘치나이다 … 55
가문의 영광이에요 … 63
시아버지 전도 … 69

2 쓰나미같이 몰려온 고난

쓰나미같이 몰려온 고난 … 75
돌아서던 날 … 91

3
일만 번
주기도문의 축복

다섯 번의 다니엘 기도 응답 … 99
일만 번 주기도문의 축복 … 104
어머니 학교 … 109
나의 어머니 … 112
복음을 전했던 사람들 … 119
기도의 동역자들 … 125

4
흔적

흔적 … 133
믿음의 유산 … 138
지금은 장기 휴가 중 … 144
세상엔 공짜가 없다 … 150

맺는말 … 156

1

하나님 음성을 듣다

오직 믿음으로 구하고 조금도 의심치 말라
의심하는 자는 마치 바다에 밀려 요동하는
바닷물결 같으니 이런 사람은 무엇이든지
주께 얻기를 생각하지 말라

(야고보서 1:6)

왜 살리셨을까?

벚꽃을 바라보니 눈이 부시다.

마치 비행기를 탔을 때 감탄했던 천상의 구름바다 같다. 흥분이 가라앉지 않음은 웬일일까. 벚꽃은 지난해에도 또 지난해에도 여지없이 피었을 텐데. 올해 느끼는 감정은 더없이 아름답고 고마워서 마음이 촉촉해진다. 꽃 나들이 나온 많은 사람에 휩쓸려 한참을 걸었다. 바람이 휙 지나가면 꽃잎이 춤을 춘다.

부활절 고난주간 내내 주님의 고통에 동참하며, 새벽예배를 드릴 때 '주님 왜 살려주셨어요? 혹여 저를 통해서 계획하신 일이 있으신지요' 매일 성경 말씀을 읽으며 때론 묵상할 때 내 삶을 주관하시는 주님은 무엇을 원하실까 생각에 골몰했다.

나를 돌아보건대 뭐 그리 대단한 존재인가. 그냥 남들처럼 하루하루 살아가면 되는 것을. 그럼에도 어두운 터널을 지나가게 하시고 여기까지 오게 된 순간에는 분명 내가 깨닫지 못한 하나님의 뜻이 무얼까에 생각이 머문다.

벚꽃 잎이 눈처럼 날리고 사람들의 행복한 웃음소리가 들리는데, 난데없이 환청처럼 울음소리가 들린다. 어깨가 들썩이도록 흐느끼며 삶의 기로에서 어쩔 줄 몰라 가슴을 쥐어짜며 운다. 누군가 안아 주며 등을 토닥였다면 그 울음은 통곡으로 변했을 것이다. 그런데 아무도 관심조차 가져 주지 않았다. 철저하게 벌판에 혼자 있다.

5번째 수술 후 회복의 기미는 보이지 않고 옆에서 지켜보던 남편이 먼저 지쳐서 하는 말.

"제발 죽어라. 나라도 살게."

마치 선전포고 같은 말을 툭 던지고 밖으로 나갔다.

그때 난 주저앉아 한나절을 눈물을 흘리면서 보냈다. 아무리 생각해봐도 그 말은 진심이다. 이미 14kg이나 몸무게가 빠져 살아 낼 용기도 없거니와 희망이 보이지 않았다.

 몸속의 진액이 다 빠지니 일어설 수가 없다. 몰골이 처참하여 거울을 보지 않은 지도 오래다. 그런 환자가 안쓰러운 거 보다, 보고 있는 자체가 힘들고 고통스러워 간병하는 사람이 먼저 죽는다는 말도 여러 번 들었다.

 그런데 죽음에 이르기까지 무진 고통을 이겨 내라며, 주님은 직접 찾아오셔서 손끝에서 어깨까지 자근자근 만져 주신 그날의 감동을 잊을 수가 없다. 그 평안으로 혼자 견뎌내야만 했던 오랜 세월도 지나고 보니 오로지 주님의 은혜라는 고백이 절로 나온다.

 지금, 이 순간까지 동행하여 주시는 주님에게 어떻게 영광을 드릴 수 있을까. 어찌해야만 살려 주신 은혜에 보답하오리까.

 왜 살리셨을까?

 왜 살려 주셨어요?

가족 구원으로 천국 가정 이루자

딸이 어느새 나와 기도의 동역자가 됐다.

먼저 된 자가 나중 되고 나중 된 자가 먼저 된다는 성경 말씀이, 딸을 보면서 부끄러울 때가 있다. 처음 직장 다니면서 케냐에 사는 5살 케네디에게 매달 선교비를 보내 어느덧 성년이 되도록 마음이 변하지 않은 일도 대단하지만, 손자가 돌이 됐을 때 돌잔치 하는 대신 아프리카에 우물을 파주는 선교를 한다기에 얼마나 감동했는지 모른다. 레바논이 어디에 있는지도 모르는 나라에 선교기금도 서슴지 않고 보낸다.

평상시 하나님 일을 하면 하나님께서 반드시 우리

일에 더 크게 축복하신다는 말을 귀담아듣고 실천하는 딸이다. 그 딸이 벚꽃이 만발할 때, 어떻게 하면 하나님께 영광을 드릴까에 대한 오랜 기도 중에 내 마음을 건드렸다.

30여 년 전부터 수필을 쓰면서, 하나님 은혜나 내가 만난 하나님에 대한 글을 쓰지 못함을 내내 아쉬워했다. 마음껏 감사하지 못하고, 내면을 꾹꾹 누르며 글을 쓴다는 것이 답답했다.

3번째 수필집을 발간하려고 계획 중이었는데, 내 인생을 여기까지 이끄신 과정을 「신앙 간증집」으로 마음을 바꾸게 하신 일을 딸을 통해 역사하셨다.

70살을 넘게 살아보니 내가 가장 잘한 일은 어려서부터 하나님 자녀로 살아왔고, 또 가장 자랑할 수 있는 일도 하나님만 온전히 믿는 믿음뿐이다. 내 자녀들도 점점 믿음의 반석 위에 세워진 가정이 되고, 무엇보다 감사한 것은 친정 부모님이나 시댁 부모님께서 살아생전에 구원받으셔서 지금은 천국 백성이 되셨기에 그리움마저 기다리면 만날 수 있다.

이토록 한 알의 겨자씨만 한 믿음이 가정을 구원하여 믿음의 가문으로 앞으로도 계속 대를 이어 나갈 것을 생각하니 감사한 마음으로 가슴이 벅차다.

가족 구원은 쉽게 말해서 다 같이 영생 복락을 누리며 살다가 천국에 같이 가자는 말인데도, 나중으로 미루다가 결국 이 세상을 떠난다. 지난해에 아는 권사님 남편이 돌아가셨다. 그 영혼을 위해서 얼마나 오래도록 기도를 하셨건만, 영정사진 밑에 망자의 이름 외엔 아무것도 쓰지 못함에 충격을 받았다. 사는 동안에 분명 하나가 되지 못하고 천국 가정은 아니었을 것이다.

적어도 사오십 년을 함께 살았을 텐데 마지막 이별은 어찌했을까. 믿는 사람들은 슬픔을 억누르며 '천국에서 만나요' 아니면 '먼저 천국에 가시면 뒤따라갈게요' 분명 다시 만남을 기약하며 이별한다. 그런데 권사님은 남편을 너무 배려한 건가. 천국에서 만나기 싫어서인가. 남편이 고집불통이었나. 도통 이해가 되지 않았다.

가족 구원이 얼마나 중요하냐면 가정에서 영적으로

하나가 되면 그 가정은 천국으로 변한다. 내가 바로 경험한 바다. 남편이 교회에 다니지 않을 때와 다니기 시작할 때 완전 180도 변해서 너무도 잘 안다.

하나님께서 가장 기뻐하시는 일은 영혼 구원이다.

> 하나님은 모든 사람이 다 구원을 받으며 진리를 아는
> 데에 이르기를 원하시느라 (디모데전서 2:4)

정말 생각하지도 않았고 더군다나 신앙 간증문을 통해 어찌 영혼을 구원할 수 있나를 생각해보니, 그동안 전도했던 과정들을 성령님께서 하나하나 기억나게 하셨다.

그래서 신앙 간증을 통해 각 가정에 가족을 전도하여 천국 가정을 이루어 이 땅에서 사는 동안 아름다운 가정, 복된 가정을 이루게 되는 통로 역할이 되도록 성령님께서 이끄시는 대로, 내가 만난 하나님. 나를 살려주신 하나님을 기도하면서 써 보려고 한다.

아들이 고등학교 다닐 무렵 "엄마, 친구네 집들을 봐

도 우리 집같이 행복한 집이 없는 것 같아요."

온 가족이 함께 하나님을 섬기는 믿음이 얼마나 중요하고 큰 축복인가를 깨달았다.

진정 주님의 은혜 입기를 원하옵나이다.

12살에 만난 하나님

언제부터 하나님을 알게 됐을까?
그때가 언제인가 곰곰 생각해보니 아련하게 노랫소리가 들려 온다.

> 탄일종이 땡땡땡 은은하게 들린다
> 저 깊고 깊은 오막살이에도
> 탄일종이 울린다

그러고 보면 크리스마스이브나 성탄절이 아닐까 싶다. 12살 단발머리 소녀는 누구의 이끌림도 없이 처음 들어선 교회 안의 분위기는 마냥 들떠있다. 반짝반짝

빛나는 트리도 처음 보는 거고, 사람들의 표정이 뭔가 좋은 일이 있는 듯 서로 축복하면서 행복해 보였다.

목사님의 말씀은 한 번도 들어보지 못한 옛날얘기같이 재미있었다. 중간중간 부르는 찬송가는 아무것도 모르는 내 마음을 움직여 왜 눈물이 나는지 모르겠다. 분명 엄마가 아파서 낫게 해 달라는 기도를 하지 않았을까 싶다. 예배 시간이 너무 짧아 집에 가기 싫을 정도로 교회가 좋았다.

부모님한테는 아무 말도 하지 하고 몇 주 다니다가 또 다른 교회도 다니면서 하나님은 어떤 분이신가 어렴풋하게 호기심이 생겼다. 때로는 혼자서 50분씩 걸어서 이모님이 다니시는 대전 중앙침례교회도 갔다.

결국엔 그 목사님께서 서울에서 직장생활 할 무렵, 서울중앙침례교회 오관석 목사님에게로 가라고 편지를 보내 주셨다. 처음 부모를 떠나 낯선 객지 생활에서 교회는 큰 의지가 됐다. 물론 외로움도 있지만, 직장에 적응하는 것도 힘들었다. 다행히 믿음이 있는 친구와 자취를 하면서 교회를 같이 다녔다.

지금도 웃음이 나오지만, 교회 가는 길목에서 헌금으로 붕어빵. 뻥튀기를 사 먹으면서 깔깔거리며 교회 가는 것이 즐거웠다. 그 친구와 같이 한강에서 침례도 받았다.

그 친구는 50년이 넘었지만 지금도 가끔 소식을 전하며 영적인 대화는 물론 누구를 전도했다는 말에 서로가 축하해 주며 기뻐한다. 친구는 오지랖이 열두 폭 치마폭만큼 넓다. 주변에 어려운 사람들에게 아낌없이 나누는 것은 물론, 돈도 수없이 빌려줘 떼인 적이 많아 하소연을 듣다 보면 교회 다니는 사람들을 봉으로 안다. 나 역시 밀린 임대료를 달라고 했더니 교회 다니는 사람들이 더하다며 결국엔 몰래 도망갔다. 하나님 믿는다고 손해 보는 일도 종종 있으니 어쩌랴.

직장이 충주로 발령이 나서 얼마 동안 살았다. 사는 곳을 옮길 때마다 교회가 바뀌는 것도 적응하기 어려웠다. 하지만 종파가 다른 여러 교회를 다 다녀본 경험도 그리 나쁘지만은 않았다.

그곳에서 친구 할머니를 전도하겠다고 주일이면 친

구 집에 가서 할머니 고무신을 뽀얗게 닦아서 댓돌 위에 놓고 기다렸던 그 순간도 성령님께서 생각나게 하심은 한 영혼을 천하보다 귀하게 여기시고 영혼 구원하려고 애쓰던 마음마저 기뻐하신다는 것을 깨달았다. 뿌리는 자와 거두는 자가 따로 있다고 했으니 그 할머니도 분명 천국에 가셨겠지.

하나님은 만세 전에 우리를 택정하셨다는데⋯.

대전에 사는 12살짜리를 어찌 아시고 부르셨을까?

오산리 기도원에서 성령 받음

나는 할렐루야 아줌마였다

 최자실 목사님의 『나는 할렐루야 아줌마였다』 저서를 어떤 경로를 통해서 읽게 됐는지, 몇십 년이 지나니 아무리 생각해봐도 가물가물하다. 다른 책보다 굉장히 두꺼웠지만 나도 응답받고 싶다는 간절한 마음으로 기도하면서 단숨에 읽었던 기억이 난다.
 딸을 교통사고로 잃고 사업이 어려워져 극약을 먹으려고 삼각산에 올라갔는데 돌개바람이 불어 약봉지가 물에 빠지는 바람에 살기로 마음을 바꿨다는 얘기며,

돈을 얼마나 많이 벌었으면 마대 자루에 쓸어 담을 정도일까 어렴풋하게 생각난다.

천막 교회에서 조용기 목사님과의 목회 사역을 통해 신유은사나 문제해결로 은혜를 체험하는 경험담에 이끌리어 여의도 순복음 교회에 가서 예배드리고, 오산리 금식기도원까지 찾아가는 열정은, 궁금한 것은 참지 못하고 꼭 해 보는 도전 정신이 남달랐다는 것은 확실하다.

1979년도 그 당시 금식기도원은 귀신을 쫓고 병 고치는 은사로 전국에서 모이니까, 그 열기가 뜨거울 뿐 아니라 예배드리는 인원이 어마어마했다.

처음으로 3일 금식하면서 기도굴에 들어가 기도하다가 방언이 터졌는데, 방언인 줄도 모르고 질병으로 고통 중인 어머니를 살려달라며 기적을 나타내 달라고 처절하게 기도했다. 오랜 우환으로 집안 분위기가 늘 우울해서 웃음꽃이 활짝 피는 행복한 가정을 갈망했다.

방언을 받고 성령 충만해서 돌아오는 버스 안에서 알 수 없는 행복감으로 세상이 금식하기 3일 전과는 달랐다. 바람 냄새도 싱그럽고 온 천지가 너무 아름다워 눈물이 날 정도로 영적으로 담대해졌다.

집에 오자마자 거실 벽에는 '할 수 있거든이 무슨 말이냐 믿는 자에게는 능치 못함이 없느니라' 플래카드로 커다랗게 써서 붙여 놓았다. 하나님은 분명히 살아 계셔서 내 기도에 응답하신다는 확신으로 부모님과 형제들에게도 하나님을 믿으면 모든 일이 해결된다는 말을 수없이 했던 기억이 난다.

시 작은아버지 중매로 결혼하다

27살 새벽에 부모님께서 나누시는 대화에 혼기가 찬 딸 걱정을 한숨을 쉬면서 하시는 것을 듣게 됐다. 늦은 결혼 때문에 부모님이 걱정하시는 게 불효라는 생각이 들자 결혼을 서둘러야겠다고 마음먹었다.

같은 직장 KT에 근무하시는 시 작은아버님을 통해 남편을 소개받았다. 그동안 여러 번 선을 봤지만 그중 조건이 괜찮아 마음을 결정했다. 단지 시어머님이 돌아가셔서 계모라는 흠은 있었지만 크게 개의치 않았다.

상견례에서 시어머님은 "우리 집안은 불교 집안이라 교회 못 다녀요."라고 말씀하셨다.

아마 친정어머니가 기도하시는 모습을 틀림없이 본 게다. 친정어머니는 곧바로 "그럼 할 수 없지요." 하셨다.

둘의 의사는 한마디로 묵살 당하고, 아무 말도 하지 못한 채 그냥 헤어져야만 했다.

그리고 1년 후. 만날 인연은 지구를 몇 바퀴 돌아도 만난다더니만 이번에 들리는 말은 교회 다닌다는 조건을 내세웠다. 새끼손가락을 걸면서 단단하게 약속했지만, 막상 결혼해 보니 이 핑계 저 핑계로 10년 유예를 두는 것이 아닌가. 아이들과 편하게 먼저 다니라고 인심을 쓰는 것처럼 말했다.

목적을 달성했으니 마음이 변했다.

오직 나와 내 집은 여호와를 섬기겠노라

(여호수아 24:15)

청주중앙순복음교회 등록

 1981년도 6월에 결혼해 대전에서 청주로 오게 됐다. 더군다나 첫 아이 낳고 누구의 도움 없이는 직장에 다니는 것이 힘들었다. 궁여지책으로 시 할머니 혼자는 감당이 되지 않아 친정 외할머니까지 동원됐으니 육체적으로나 정신적으로 힘들었다.
 처음부터 교회 다니는 며느리를 탐탁지 않게 여긴지라 신앙생활은 엄두도 못 냈다. 가끔씩 오시는 시어머니는,
 "느네들, 올해 헤어질 운이다. 올해부터 시작되는 삼재니 매사에 조심하거라."

애들은 아직 어린데 헤어지라는 말인지, 아니면 잘 살라는 말인지, 어찌하여 덕이 되는 말은 못 하시고 혼란스러울 정도로 마음을 더 힘들게 하셨다. 또 제사음식을 안 먹는다며 음식에 귀신 붙었냐고, 시집왔으면 시댁 가풍을 따르라고 여러 번 나무라시기도 했다.

남편이 결혼하기 전 약속한 대로 교회에 같이 다니면 바람막이 역할을 해 주련만, 오롯이 혼자 새겨야 할 모진 말들을 감당하기 힘들었다. 또 옆에서 맞장구치시면서 마음을 후벼 파는 시할머니의 거친 말도 나를 점점 지치게 하셨다.

딱히 등록은 하지 않았지만 교회 1층에 쓰여 있던,

> 수고하고 무거운 짐 진 자들아 다 내게로 오라
> 내가 너희를 쉬게 하리라 (마태복음 11:28)

성경 말씀을 오다가다 읽으면 마치 내가 지고 있는 무거운 짐들이 가벼워지는 듯한 느낌을 받았다. 그래서 몇 번 예배를 드리면서 분위기를 살폈다. 바닥에 다닥 다닥 붙어 앉을 정도로 많은 사람이 신기했다. 이곳은 영적으로 살아 있는 교회가 분명하고, 좀처럼 다른 교회에서 볼 수 없는 뜨거움과 목사님의 찬양에 이끌림을 받았다. 오산리 기도원에서 받았던 성령 충만함에 영이 숨을 쉬는 것 같았다.

영적으로 갈급할 무렵, 허리 디스크로 병원에서 퇴원한 그 이튿날 아이들 유치원 하원을 기다리는데, 허리의 불편함을 본 길오녀 집사님을 통해 1987년 청주중앙순복음교회에 등록 교인이 됐다.

처음부터 직장 관계로 열심이진 못했지만, 다시 시작한 신앙생활은 가라앉은 성경 말씀이 다시 살아나고 열정이 생긴 것만큼 남편의 핍박이 시작됐다.

마귀 사탄은 우는 사자처럼 두루 찾아다니며 훼방을 놓고 가정을 흔들었다. 교회에 가지 않으면 오히려 편안한데, 교회 얘기만 나오면 아이들이 아프고 잘 놀다가도 다쳐서 들어오질 않나, 괜스레 시할머니와 남편이 한편이 돼서 교회를 공격했다. 하지만 더 이상 물러서지 않으리란 믿음을 가지고 전적으로 하나님만 의지했다. 핍박하면 할수록 더 교회에 가고 싶은 것은 교회에 가면 살 것 같고 위로가 됐다.

집에서 구역예배를 보려면 시할머니의 눈초리가 매섭게 변했다. 손자가 아파도 교회 가서 그렇다는 둥, 내가 누구 땜에 이 생고생을 하는지 모르겠다며 집으로 가신다는 말로 은근히 엄포를 놓으셨다.

그럴수록 난 납작 엎드려야 한다. 무조건 참고 순종해야 된다. 그래야지만 눈치 안 보고 교회 가서 맘껏 기도하고, 새 힘을 얻는 교회는 나의 피난처가 됐다.

남편은 세상 재미에 빠져 낚시 가서 집을 비우고, 고스톱 친다고 친구들을 집으로 불러 밤을 새우기도 했다. 아직 약속한 10년이 안 됐다고 오히려 더 큰소리를 쳤다.

'오~ 하나님 제힘으로는 안 되오니 세월이 빨리 지나가게 해 주세요'라고 기도하고 매일 기도했다.

드디어 하나님은 들으셨다.

드디어 남편 전도

 결혼하기 전에 손가락까지 걸면서 교회 다니겠다고 약속했지만, 교회에 발을 들여놓는 것은 결코 쉬운 일이 아니다. 왜냐면 세상의 넓은 길이 아니라 좁은 길이기 때문에 포기할 것이 너무 많다.

 남편도 예외는 아니었다. 자유로운 취미활동에 제동을 걸고 친구 관계며, 술 마시면 잔소리하니 못 견뎌 했다. 오히려 교회 다니지 말라고 핍박하면서, 욕조에 성경책을 두 번씩이나 던져 다리미로 다리기도 하고, 햇볕에 말리면 쭈글쭈글해져 성경책을 바꾸기도 했다.

 시어머니도 합세하여 직장에 가고 없는 틈을 타서

부적을 붙이는가 하면, 절에서 가져온 이상한 액자를 안방에 걸어 놓아 7살 난 아들이 경기를 일으켜 눈동자가 하얗고 축 늘어져 난리가 난 적이 있다.

남편은 그 오밤중에 친구 남편인 한의사를 부르라는 둥 큰소리로 불안하게 했지만, 아들을 꼬옥 끌어안고 계속 기도로 온전케 해 달라고 속으로 울부짖었다. 한 30분이 지나니 눈을 뜨며 배시시 웃는 것이 아닌가.

그 이튿날부터 담대한 믿음으로 구역 식구들과 합심 기도를 하고, 마귀 사탄 쫓는 찬양을 한 다음 이상한 액자를 박살을 냈다. 멈춘 괘종시계를 내려보니 빨간 부적이 붙어 있고, 책상 밑에, 창틀 밑에 부적을 찾아보니 6장이었다. 한군데 모아놓고 불에 태우며 하나님을 찬양했다.

그때가 결혼 9년 차였다. 옛말에 귀머거리 3년. 벙어리 3년. 눈먼 장님 3년을 참고 살라는 말에, 난 1년을 보너스로 더 남편에게 잘하기로 마음먹었다.

왜냐면 5살 딸이 동네 친구들 아빠는 다 교회 가는데, 우리 아빠만 지옥 가면 어떻게 하냐며 눈물 콧물로 얼굴을 적시고 목까지 내려오도록 철철 울었다. 딸은 쪼끔만 기다리면 꼭 간다는 약속을 받아 내고서야 울음을 그쳤다.

결혼 10년 차 되던 해. 여전히 약속을 지키지 않던 어느 날. 직장에서 2박 3일 세미나를 수안보로 떠났다. 3일 후 돌아온 남편은 현관에 들어서자마자 대자로 엎드려,

"나 죽을 것 같으니 교회 갈게."

이 무슨 말인가. 그토록 듣고 싶은 말을, 남편은 3일 동안 얼마나 아팠으면 산도적같이 하고 왔을까. 얘기인즉 세미나 도착부터 아프기 시작하더니 아무것도 먹을 수도 없고, 걸을 수가 없어서 세미나는 아예 참석 못 하고 숙소에서 누워서만 있었단다.

하나님께서는 때가 되도 말로만 버티고 있으니까 이런 방법으로 구원하시는구나. 나는 너무 좋아서 친정어머니. 이모님. 구역장님에게 전화하면서 덩실덩실 춤을 추며 할렐루야를 계속 외쳤다.

제일 먼저 남편이 좋아하는 한약을 지어다가 달이기

시작했다. 온 집 안에 한약 냄새가 진동하니 남편의 얼굴이 환해지더니,

"나~ 평생 주일 예배는 안 빠지고 다닐 거야."

시키지도 않은 말로 하나님께 겁도 없이 서원하다니. 연락받은 구역장님은 할렐루야를 하면서 기쁜 마음으로 찬양과 예배를 드렸다.

그날로 우리 가정은 천국으로 변했다. 맞벌이로 여러 가지 힘든 집안일을 도맡아 하지를 않나. 180도 변한 남편은 "당신 고생시켜서 미안해."라는 말을 수시로 했다.

마음이 하나가 되자 상대방을 이해하고 배려하게 되니 행복이 별 게 아니다. 더 이상 시어머니도 시할머니도 무섭지 않았다. 당당하게 교회 갈 수 있으니 영적으로 담대해졌다.

남편은 할렐루야 성가대와 안내위원까지 할 정도로 교회에서의 헌신과 봉사를 즐거이 했다. 지금은 천국에 가신 나이가 많으셨던 권사님 얘기가 생각남도 성령님의 인도하심이다.

어느 주일에 그 권사님은 아카시아 껌 한 통을 남편 손에 쥐여 주셨다. 안내하는 남편의 밝은 표정에 은혜를 받으신 것이 분명하다. 짧은 시간의 만남에 무얼 줄까 고민하셨던 권사님은 그다음엔 양말을 주셨다. 인사하는 내게 청국장 좋아하냐고 물으시길래 좋아한다고 했더니 집으로 오라고 하셨다. 고구마 한 상자와 교환했던 기억이 난다. 수줍어하시면서 주셨던 권사님이 그립다.

교회는 정말 사랑이 샘솟는 곳이다.

너는 내게 부르짖어라 내가 네게 응답하겠고
네가 알지 못하는 크고 은밀한 일을 네게 보이리라

(예레미야 33:3)

하나님 음성을 듣다

 몇 년 전에 「지저스」 영화를 보면서 화면을 제대로 보지 못하고 흐느끼며 울었던 기억이 난다. 쇠갈고리가 있는 채찍으로 한 번 후려칠 때마다 예수님의 살점이 떨어져 나가는 장면을 어찌 맨정신으로 볼 수 있단 말인가.
 자물쇠로 열 수 없으리만큼 마음속 깊은 곳에 가둬 놓은, 내 가족 외에 아무도 모르는 얘기를 꺼낸다는 게 부담이 됐다. 하지만 내 인생에서 단 한 번 하나님의 음성을 듣게 된 일련의 사건을 나열하려면 어쩔 수 없다. 부끄럽다고 수치스럽다고 말하지 않으면 자신을 속이는 일이기 때문이다. 예수님이 나를 위해 모진 수모를 몸소 겪으신 것을 생각하니 그나마 용기가 났다.

조용한 밤공기를 가르듯 울린 전화벨 소리에 무심코 받으니 경찰서라니 가슴이 쿵 내려앉았다. 왜 그러냐고 물으니 직접 나와 보면 안다면서 끊긴 전화가 왠지 불안했다. 별문제 아니라며 남편에겐 얼버무렸지만 밤새 뜬눈으로 지새웠다.

떨리고 불안한 마음으로 경찰서 담당자에게 다가가니 표정이 무섭지는 않았다. 일단은 마음을 차분하게 가라앉히니, 내 이름으로 발행된 가계수표가 부도가 났다는 말에 사업하는 큰동생이 생각났다.

"아주머니, 아무리 동생이지만 백지수표 만들어 주는 거 아니에요."

오히려 어리석은 누나라고 나무라며 안심시킨다.

그날 저녁 남편에게 이실직고하니 불같이 소리 지르며 화를 참지 못하고 무언가를 찾는다. 피할 수 없는 상황이라 남편이 휘두르는 몽둥이로 사정없이 맞았다. 본인을 속였다는 분노로 눈에서 파란불이 번뜩였다. 미안하다는 말 외에 무슨 말이 더 필요할까.

결혼 전부터 나만 바라보던 두 남동생이 끊임없는 금전 요구를 매몰차게 끊지 못하고 질질 끌려다니다 결국엔 사단이 났다. 큰동생은 누나가 끝까지 도와주지 않아 일어서지 못했다고 했고, 막내는 늘 낼모레 준다고 했지만 제대로 약속을 지키지 않았다. 빌려 간 돈이 얼마냐고 물으니 누나가 잘 적어 놨을 거라는 말에, 더 이상 끝내야겠다고 다짐했다.

5남매 맏이라 비빌 언덕이 돼주면 부모님을 잘 모시리라는 생각이었지만, 남편은 무슨 사업이냐며 내 잘못이 더 크다고 질책했다. 막내인 남편은 맏이인 내 마음을 알 턱이 없고 생각이 너무도 달랐다.

속은 슬퍼서 눈물이 나는데 왜 엄마가 생각날까? 그래도 중풍 된 지 10년이 넘은 엄마라도 엄마는 내 편이라는 생각에 하염없이 눈물이 볼을 타고 내려와 잠시 멈춘다.

이 장면을 친정어머니가 보셨다면 날 안아 주고 피눈물을 흘리며 '다 내 탓이다' 가슴을 치며 못난 자식들 땜에 대성통곡하셨을 걸 생각해서라도 입술을 깨물고 이겨내야 한다. 맞은 자리가 욱신거리고 아파서 동생들이 야속해 자꾸만 눈물이 난다. 너무 슬프다. 시간이 많이 지났는데도 그날의 아픔과 슬픔이 이렇게 저장된 지 모르게 뜨거운 눈물이 날 줄이야.

그 이튿날은 어버이날이다. 전날 봐온 재료로 내색할 수도 없고, 정성껏 푸짐하게 한 상을 차려 시부모님께 대접해 드렸다. 혹여 시퍼렇게 멍든 곳이 보일까 봐 긴 치마를 입고, 일부러라도 더 웃으며 상냥했다.

남편은 더 이상 살 수 없으니 집을 나가라고 했다. 전원주택을 짓고 사랑 땜도 다 하지 못하고, 자식들 보기도 부끄러웠다. 그때 아이들은 정서적으로 불안해 학교생활도 성적도 말이 아니었다.

남편은 직장에서 전화로 계속 집을 나가라고 했다. 세 번째 전화에는 집을 나간다고 했다. 남편이 무서웠다. 이런 상황이 싫어서 진짜 나가고 싶은 마음이 생겼다.

옷을 주섬주섬 가방에 넣고 방안을 휘둘러봐도 가지

고 갈 만한 것이 없다. 학교에서 아이들이 돌아오면 얼마나 놀랄까. 대문을 나서서 몇 발짝 걸어가다 뒤돌아보니, 정성껏 가꾼 온갖 꽃들이 '주인님~ 나가지 마세요'라고 손짓을 하는 것 같다. 아래 동네에 사시는 시댁 어른들 만날까 봐 겁도 났다.

다시 집 안에 들어서니 전화벨이 울린다. 남편 전화다. 진짜 나갔나 확인 전화하는 것 같다. 전화기를 놓고 침울하게 침대에 앉아 있는데 갑자기 큰소리로,

"야! 너 이 집에 불 질러!"

고개를 둘러봐도 아무도 없다.

"하나님~ 단 한 번도 이런 생각을 해 본 적이 없어요."

사탄들의 속살거림이 날 괴롭혔다. 내가 가장 약할 때 가장 고통스러운 틈을 타 어찌나 큰 소리로 들리는지 놀랄 정도다.

잠시 어떻게 해야 하나 생각하다가 이럴 때는 찬송이 최고다. 성령님께서 순간적으로 찬송을 펴게 하셔서 350장부터 360장까지 계속 손뼉 치며 힘을 내서 불렀다. 혼자 부흥회를 한 거다. 잠시 쉬면 사탄들이 이번

에는 여러 명이 와서 속살거렸다. 그러면 더 크게 찬송을 한참 동안 부르니 포기하고 서서히 떠나갔다. 사탄들의 속살거림 때문에, 그 조종을 따라가면 방화를 일으키는 속성을 깨닫게 됐다.

마귀들과 얼마 동안 싸우고 나니 땀에 흠뻑 젖어 기진맥진해서 벽에 기대어 있는데, 갑자기 부드러운 음성~ 미세한 음성으로.

"내가 다 갚아 주마."

정확하고 확실하게 들렸다. 난 무릎을 꿇고 "오~ 하나님~ 감사합니다. 감사합니다." 흐르는 눈물을 훔치는데 저 깊은 마음속에서부터 기쁨이 온몸을 휘감았다. 형제들에게 나 몰라라 하지 않고 도와주다 당한 고통을, 불쌍하게 가엾게 여기시는 하나님. 긍휼을 베푸시는 참 좋으신 하나님.

"하나님! 앞으로 돈을 빌려주면 내 손목을 자르겠어요."
왜 그런 말을 했는지 나 자신도 섬뜩해 놀랐다.

아직은 아무 일도 일어나지 않았는데, 꼭 갚아 주실 거란 믿음과 확신으로, 남편이 더 이상 무섭지 않고 당당하게 지냈다. 남편이 왜 안 나가냐고 재촉하면 '하나님께서 다 갚아 주신다고 했어요. 당신 두고 봐요'라고 했다.

그날부터 성경 말씀을 몇 시간씩, 어느 날은 8시간을 성경 말씀만 읽은 날도 있다. 왜냐면 말씀으로 영적 무장을 하지 않으면 사탄들이 이번에는 더 무서운 말로 속살거리고, 군대 귀신을 몰고 떼거리로 몰려와 무너뜨릴 테니 달리 방법이 없다. 그동안 기도원에서 영적 싸움하는 걸 눈으로 본 것이 얼마나 도움이 됐는지 모른다.

자연을 벗 삼아 꿈을 안고, 남편 고향 산자락에 전원주택을 지어 7년을 살았다. 도로가 난다는 계획은 집을 짓고 6개월 만에 알았다. 남청주 인터체인지에서 세종으로 연결되는 고속도로 건설에 집과 논이 들어가는 바람에 다시 청주로 이주하게 됐다.

먼저 하나님께 교회 가까운 곳으로. 새벽예배 걸어

다닐 수 있는 곳으로 장막을 허락해 달라는 기도를 무시로 드렸다. 내가 다 갚아 준다는 말씀대로 4층 원룸 주택을 매입하도록 응답하시고 역사하신 하나님. 기적을 체험하는 내 일생일대의 사건을 어찌 전하지 않을 수가 있겠는가.

"할렐루야~!"

전원주택 전경(부강집)

내 잔이 넘치나이다

수필

 신이 울리는 소리일까. 시간이 흐르는 소리까지 잡힐 듯 고요하다. 눈을 뜨고 주위를 아무리 둘러봐도 아직은 낯설다. 이곳으로 터전을 옮긴 지 얼마 되지 않았기 때문이다. 내 손때가 묻은 곳이 없다.
 앞산 노고봉을 타고 내려온 짙은 안개가 허공에 대고 불어대는 입김마저 삼켜 버린다. 찬 공기를 가슴으로 안으며 힘껏 팔을 휘두르며 원을 그려 본다. 도시에서 흘러 들어오는 자동차의 헤드라이트 불빛마저 희뿌연 안개 속으로 사라지는 이 시간, 나는 또 중얼거린다.
 '주여! 진정 내 잔이 넘치나이다.'

정말 이런 축복의 날이 내게 임할 줄이야.

남편은 나이 40을 넘기면서 입버릇처럼 내게 얘기하곤 했다. 고향으로 터전을 옮기자고, 그곳에 안주하자고. 하지만 일 년에 몇 번씩 가는 시댁 동네 어디쯤에도 눈길을 주지 않았다. 나 역시 시골에서 태어났을 뿐 도시에서 자랐기 때문에, 시골에 대한 향수도 흙에 대한 집념도 움트지 않았다.

그러던 내게 도시를 떠나는 일련의 사건이 생겼다. 모든 도시인이 꿈꾸는 전원주택을 지었으니 말이다. 건축설계사무소를 열 번도 더 드나들면서 정말 그림 같은 대저택(?)을 지었다. 지극히 소박한 사람들의 소망인 빨간 벽돌에 빨간 기와지붕, 모든 이의 고정관념을 깨고 테두리는 녹색 페인트를 칠했다. 대리석으로 넓은 뜨락을 만들고 마당엔 화려한 등도 세웠다. 집 뒤로는 할아버지 산소가 보이는 야트막한 산이 있고, 앞에는 텃밭이 있고, 옆에는 실개천이 흐르는 전원주택의 입지 조건을 고루 갖춘 곳이기에 오는 이들마다 환호성으로 축하해 주었다. 특히 하늘이 보이는 2층 유리방은 대낮

에도 별이 보일 듯 비밀스러운 장소가 되기도 했다.

한데 주변의 많은 사람은 시댁 근처의 둥지를 못마땅해하고 남편과의 투쟁도 권했다. 무엇보다도 아이들의 학교 문제, 친구들과의 헤어짐. 제한된 활동으로 인한 불편한 점이 한두 가지가 아니었고, 또한 포기해야 일도 많았다.

하지만 벽돌이 올라가고 창문이 생기고 지붕이 이어지면서 내 마음은 조금씩 조금씩 흔들리며 생각이 많아졌다. 그래, 내 인생의 단 한 번뿐인 커브길로 생각하자. 참된 삶은 자신에게 주어진 것을 참으로 누리는 것일진대. 이쯤에서 마음을 비우는 여유를 부려봄은 어떨까.

작은 일에는 늘 내 주장이 옳은 경우가 많았지만, 적어도 인생의 대계에 있어서는 남편의 판단이 언제나 현명했던 것을 인정하던 터. 한 10년쯤 앞당겨 자연과 더불어 노후를 준비해야 한다는 남편의 지론엔 변함이 없다.

아이들마저 손을 번쩍번쩍 치켜들며 결사반대하는

반면에, 내 마음은 자꾸만 남편의 고향 산자락에 머물고자 스스로 다짐한다. 어려서부터 자연과 어울리다 보면, 강아지도 풀벌레도 할미꽃과 제비꽃 같은 작은 생명들도 사랑하는 마음이 생길 테고 혹 속상한 일이 생기면 산골짜기에서 내려오는 바람에 날려 보내는 여유가 생기지 않을까. 또 확 트인 노고봉의 정기를 들이마시면 적어도 도덕성만큼은 어긋나지 않는 삶을 추구하고 자연의 비밀을 터득할 것이다.

조석으로 들르시는 시댁 어른들도 든든하신가 보다. 어머니는 장독대가 넓다 하여 반들반들 윤이 나는 항아리를 10개씩이나 사 놓으셨고 된장, 고추장으로 제금내는 살림살이처럼 채워 놓으시는 손길이 그저 감사할 따름이다.

당신 본인들은 이 터전을 마련하기 위하여 얼마나 많이 손발이 부르트고 허리띠를 졸라매셨을까. 마치 우렁이가 껍질만 남긴 것처럼 기꺼이 모든 알맹이를 우리에게 다 내주셨다. 줘도 줘도 아깝지 않은 자식이건만, 우리네는….

이제는 갚으리라. 외롭거나 쓸쓸한 노후가 되지 않도록 훈훈한 마음과 밝은 웃음을 드리리라.

어느 조그만 산골로 들어가
나는 이름 없는 여인이 되고 싶소
마당엔 하늘을 욕심껏 들여놓고
밤이면 실컷 별을 안고

　결혼 앨범 첫 장에 써 놓았던 노천명 시인의 「이름 없는 여인이 되어」라는 시처럼.

　가난과 외로움 속에서도 현실과 타협을 모른 채 소박한 꿈을 이루지 못하고, 독신녀로 생을 마친 시인의 애달픈 삶을 대신이라도 하듯이, 텃밭엔 오이랑 호박을 넉넉히 심고 울타리엔 들장미도 올리련다.

　'가정은 아름다운 땅이다'라는 어느 소설가가 한 말에 귀를 열며, 남편이 바라보는 먼 미래를 함께 바라보면서 중학교 다닐 때 심었다는 밤나무를 손자에게도 알려 줄 것이다.

내년에는 고구마 통가리를 만들어 오는 이마다 빈손으로 보내지 않기 위하여 씨를 묻어야겠다. 항아리 속에는 감도 두어 접 차곡차곡 넣어서 매섭게 추운 겨울밤 얼음이 서걱서걱 한 채로 어른들과 빙 둘러앉아 먹는 맛은 어떨까.

 도시를 벗어난 내게 이곳 산골까지 찾아오는 이들과 2층 다락방에서 소곤소곤 밀담을 나누며, 여우 나는 산골 얘기와 잔잔한 미소로 사랑의 향기를 피우리라. 아니면 인생은 모름지기 양귀비 같은 정열로 살 만한 가치가 있다고 맞잡은 두 손을 겸허히 내어 밀며 힘을 주리라.

 행복은 덤이 아니라 마땅히 치른 땀의 보상이요, 그것을 발견하고자 애쓰는 사람들의 보물찾기라는 것도 이 나이쯤에서 진리라고 말하련다. 진심으로 인생을 아는 나이, 이룰 수 없는 욕망을 체념할 수 있는 너그러움을 익히며 시간의 존귀함을 눈으로 바라보며, 남편의 고향을 나의 제2 고향으로 정할 것이다. 바람에 흔들림 없는 거목처럼 천천히 아주 천천히 뿌리를 내리면서 전설이 되리라.

  정 남향집 양지바른 창 앞에 피어난 난을 바라보며, 겨울 한나절 따사로운 햇볕처럼 찾아오는 모든 이들을 뜨겁게 사랑할 것이다.

  난 여왕보다 더 행복하다.

  주여! 진정 내 잔이 넘치나이다.

우리가 선을 행하되 낙심하지 말지니
포기하지 아니하면 때가 이르매 거두리라

(갈라디아서 6:9)

가문의 영광이에요

거의 8년 만에 전원생활을 종지부 찍었다.

야트막한 산 밑에 빨간 지붕의 벽돌집에, 2층은 밤이면 누어서 별을 보겠다고 야무지게 설계한 집이건만, 지붕 위로 지나가는 도로가 생길 줄이야. 너무 억울해 이곳저곳 관공서를 찾아다니며 따져 보았지만, 마음을 접을 수밖에 없었다.

다시 청주로 돌아왔다.

1층 상가에 2, 3층은 원룸. 4층은 살림집으로 한 50평 정도 됐다. 거실 크기에 TV가 어울리지 않아 남편 소원인 소니 TV를 들여놓으니 갑부가 따로 없다. 집들이 온 남편 친구가 로또에 당첨됐냐고 한 말은 천당 밑에 건물주라는 말을 들었던 것 같다. 거기다 남편은 아들을 미국에 유학 보냈다고 자랑을 덧붙였다.

하나님께서 다 갚아 주신다는 음성을 듣고, 6년 만에 나타나는 현상을 보고. 은혜에 보답하는 일은 교회에서 맡기는 직분에 순종함으로 충성하는 일이라고 생각했다.

이사 오던 해에 권사임직 받았을 때 누구보다 아들이 기뻐했다.

"엄마~ 가문의 영광이에요."

하나님께서 주시는 직분이 얼마나 값지고 소중한지 깨달았기에 지구역장은 물론 성가대. 안내위원은 남편과 함께 충성했다.

어느 날 전도사님이 직접 찾아오셔서 선교회 회장을 하면 어떠냐고 할 때 조금도 망설임 없이 하겠다고 했다. 교회에서 맡기는 직분은 무조건 OK였다. 남편은 아예 교회에서 살라고 빈정댔지만, 그마저 웃음으로 받아넘겼다.

다른 지역으로 파견 간 지역장일 때, 구역예배 후 금

방 헤어지는 것보다 서로 교제를 위해 윷놀이를 한 적이 있다. 집에 있는 여러 가지를 예쁘게 포장해서 상품으로 나누면 행복한 웃음이 절로 난다.

연합회장은 주일에 식당 봉사가 주된 일이다. 주일에 5, 6백 명씩 점심식사를 준비하기 전 토요일에 메뉴를 짜서 장을 본다. 제철 음식이나 사전에 시장조사를 한다거나 요리 프로를 관심 있게 보다가 응용할 때도 있었다.

임원들에게 이곳이 우리 직장이라는 사명감을 가지고 최선을 다하자고 다짐하면서, 각 가정이 평안하고 건강해야만 끝까지 할 수 있다고 서로 중보기도를 했다.

남편은 남편대로 할렐루야 성가대에서 봉사하다가 식당에서 만나면, 다른 남자 만나는 것같이 반갑게 대했다.

임기가 끝나서 당회장 목사님께 선교 보고를 할 때, 잘했다고 칭찬하시면서 장부에 친필 사인해 주신 것을, 복사해서 임원끼리 나눠 가진 것을 지금까지 보관하고 있다. 값진 보물처럼.

이래서 고래도 춤을 추는가 보다.

한 해에 29명 전도

2005년도에는 영혼 구원 즉 전도하는데 열심이었던 같다. 연말 시상에 29명을 전도했다고 상을 받았다. 29명 중 시아버님도 속하지 않았을까. 물론 다는 아니겠지만 무슨 일이든 포기하지 않고, 미쳐야지만 어떤 결과가 나타난다. 지금 생각해보니 할 수 있을 때 더 미쳤더라면 하는 아쉬움이 남는다.

그 당시에는 전도 노트에 전도 대상자나 전도 가망이 있는 사람들 이름을 적어 놓고, 비고란에는 사연도 적어 놨었다. 몇 번째인지는 모르지만 전도한 사람 중 한 명은 몇 년 전에 권사임직 받고 지금은 아름답게 봉사하는 중이다. 원룸에 살던 대학생을 전도했는데 대학부에서 활동하다가 졸업하고 취직해서 고향으로 돌아갔다.

어느 주일에 식당 봉사를 끝내고 집으로 돌아가던

길에 '사는 것이 차~암 행복하다'라고 중얼거리는 것을 들켜 버렸다. 마귀 사탄도 우리가 생각하고 말하는 것을 엿듣고 실행하기 때문이다. 그 지점을 지금도 또렷하게 기억한다.

내가 복음을 전할지라도 자랑할 것이 없음은
내가 부득불 할 일임이라. 만일 복음을 전하지
아니하면 내게 화가 있을 것이로다.

(고린도전서 9:16)

시아버지 전도

아버님을 생각하니 배시시 웃음이 나온다. 생전에 우체국장을 하셨는데 천국에서는 무얼 하시는지 궁금하다. 며느리 말 들어서 차~암 좋다는 얘기를 듣고 싶다. 천국이 너무 좋아 이 땅을 잊으셨으니 꿈에라도 오시지 않는 게다.

시간관념이 얼마나 투철하신지, 그날 이후 시간 약속을 철저히 지키려 한다. 결혼한 지 얼마 되지 않을 때 아버님이 오신다는 연락을 받고서, 서로 미루다가 내가 마중을 나갔다.

버스 정류장에서 기다려야 함에도, 조금 늦게 나가는

바람에 오시던 길을 방향을 바꿔 다른 길로 접어 들으셨다. 커피를 대접하니

"너~ 내 취향을 물어는 봤니?"

아차 싶었다. 차는 물론 아무것도 드시지 않고 떠나시는 모습을 보고 당황했다.

그런 아버님을 청주로 이사 오면서 거의 3년 동안, 토요일마다 반찬 서너 가지씩 만들어 가지고 가서 저녁을 해 드리고 청소도 했다. 남편은 마당에 풀을 뽑고 각종 채소에 물을 흠뻑 주는 모습을 흐뭇하게 보셨다.

이럴 때 한마디씩 툭 던진다.

"아버님~ 하나님 믿어야 천국 가세요."

어머님은 듣기 싫으신지 슬그머니 밖으로 나가신다. 어느 순간부터 두 분에게 같이 전도하면 안 되겠다는 생각이 들어 먼저 아버님께 집중적으로 정성을 들였다. 지성이면 감천이란 말이 괜한 말이 아닌 듯 서서히 성경 말씀에 귀를 기울이셨다.

무엇보다 하나님을 믿으면 평균적으로 7년을 더 산다는 통계가 있다는 말에 마음이 움직이신 것 같다.

"그래, 네가 어른들한테 잘해서 교회 가마."

장손인 아버님이 교회에 가신다는 것은 기적 같은 일이다. "할렐루야."

그때 마침 교회에서는 어르신들 전도에 한창 불타오를 때였다. 그런 광경을 보고 마음이 급해 다니엘 작정 기도를 하는 중에 아버님 마음이 움직이셨다.

부강에서 버스를 타면 한 번 바꿔 타야 한다. 시계탑에서 내리시기 전에 아버님을 기다렸다가 반갑게 손을 잡았다. 처음 아버님 손을 잡고 깜짝 놀랐다. 어쩜 손이 여자 손 그 이상으로 부드러우신지.

교회에 와서는 "우리 아버님 ~ 미남이시지요?" 너스레를 떨며 같이 앉아 예배를 드렸다. 그 모습이 순진한 어린아이처럼 다소곳하시고 진지하셨다.

아버님은 내게 "나 떠나면 제사 문제는 느네 하고 싶은 대로 하거라."라고 말씀하셨다.

분명 우상숭배라는 말씀에 은혜를 받으셨다. 이 엄청난 집안일을 며느리인 내게 왜 유언처럼 하셨을까. 아버님 대에서 마무리하고 싶으신 속마음을 들으니 눈물이 나도록 고마웠다.

  어머님은 "나도 대가 쎄다."라는 말씀을 하시면서 전도하지 말라고 하실 때 보니 이미 영적으로 눌리고 있다는 생각을 한 적이 있다. 알츠하이머가 한참 진행될 무렵 "나도 교회 가고 싶어."라고 말씀하시더니 결국엔 대전에서 형님이 다니시는 교회에 등록하셨다.

2

쓰나미같이 몰려온 고난

사람이 감당할 시험밖에는 너희가 당한 것이 없나니
오직 하나님은 미쁘사 너희가 감당하지 못할 시험당함을
허락하지 아니하시고 시험당할 즈음에
또한 피할 길을 내사 너희로 능히 감당하게 하시느니라
(고린도전서 10:13)

쓰나미같이 몰려온 고난

 이사 온 지 보름 만에 시어머니가 오셨다.
 이곳저곳을 둘러보시더니, "이~만하면 성공했다. 집터가 쎄니까, 교회 열심히 다니거라." 하신다.
 어머니 눈에 뭐가 보였나. 새집 짓고 1년 만에 죽었다는 말도 들은 바 있고, 3년을 넘겨야 된다는 말도 들었다. 또 듣지 말아야 했을 말씀만을 남기고 떠나신 어머니가 나 모르게 어딘가에 부적을 붙이지 않았을까 걱정했다. 그나마 교회는 열심히 다니라는 말씀은 다행이었다.
 2007년 3월경부터 쉰 목소리로 말하기가 불편했다.

피곤해서 나타나는 증세라고 판단해 약도 먹어보고 일부러 쉬어봐도 차도가 없었다.

여러 군데 이비인후과에서 처방된 약만 쌓여 있던 어느 날, 친정어머니와의 통화에 듣는 것이 불편하셨던지 당장 큰 병원에 가라고 야단치셔도 그냥 넘어갔다. 드디어 남편은 오늘 중으로 병원에 안 가면 난리 난다고 엄포를 놨다.

하는 수 없어 동네 이비인후과에 갔더니 소견서 써 줄 테니 대학병원으로 가라고 했다. 당황스러워 대학병원에 가서 검사받으니 성대종양에 성대결절이라 바로 수술하지 않으면, 말을 못 할 수 있다고 했다. 너무 충격적이었다. 쓰러질 것 같아서 일부러 구석을 찾아 앉으니 두려움과 공포감에 사정없이 눈물이 났다. 남편한테 전화해 엉엉 울면서 말을 하지 못하니까, 걱정하지 말라는 말만 계속했다.

5일 금식

서울에서 수술하는 것이 좋을 거란 판단에 신촌 세브란스병원으로 갔다. 수술 날짜를 받고 내려와 간단하게 짐을 챙겨서, 택시를 타고 기도원으로 향했다. 온전히 하나님만 의지하는 마음으로 3일 금식을 시작했다. 지금은 천국에 계신 고 김상애 목사님께서는 5일 금식하라고 말씀하시기에 순종했다.

성경을 읽다가도 두려움에 휩싸이고 온갖 걱정에 머리가 복잡했다. 5일 금식하면 내게도 기적이 나타날까? 사는 것이 행복하다고 말할 때 욥기에 나오는 것처럼 내 성대를 놓고 내기를 한 것이 분명하다. 그러니까 다른 데도 아니고 '이렇게 꼭 쥐고 있는데 행복하다고 말할 수 있어?'

욥기를 읽어 보니 '욥이 어찌 까닭 없이 하나님을 경외하리이까'라고 사탄과 대면하는 장면이 나온다.

하루하루 지날 때마다 성경 말씀도 집중이 안 되고, 예배드리는 것도 점점 힘들었다. 3일 금식이 끝날 무렵 남편이 데리러 왔다. '5일 금식하라네요' 내 몰골이 안쓰러울 만큼 지쳐있어 남편이 먼저 눈물을 글썽거렸다. 산모퉁이에 앉아 하염없이 눈물만 흘리고 아무 말도 하지 않았다.

  내가 혼자 견뎌내고 온전히 짊어지고 갈 내 몫이란 걸 알기에 고개를 푹 숙이고 땅만 바라보고 있는데, 갑자기 살랑이는 봄바람에 찔레꽃 향기가 훅 지나간다. 하물며 찔레꽃마저 이겨 내라며 위로해 준다.

첫 번째 성대종양 수술

  참 어이가 없다. 수술하려고 병원에 가는 사람이 휴가 떠나는 사람처럼 가방엔 영어책 한 권. 병실에서 우아하게 있으려고 헤어 롤을 챙겼다는 것은, 닥쳐올 앞날을 모르기 때문이다.

  조영술을 하고 병실에 오자마자 고열에 시달려 얼굴이 벌겋다. 심상치 않다는 것을 깨닫고, 눈을 감고 간절하게 하나님을 찾았다. 부디 날 지켜 달라며 간단한 수술이길 바랐다.

수술실에 막 들어가려던 차에 남편 얼굴을 잠깐 보고, 그때부터 철저하게 온갖 두려움과 무서움을 혼자 견뎌내야만 했다. 6시간 만에 병실로 돌아왔는데 내 몸에 매달려 있는 줄을 세어보니 열 개 정도였다. 끓어오르는 기침 가래에 티슈 한 통을 다 쓰고도 모자랄 정도로 숨을 쉬기 힘들었다.

수술 전 종양이 언제 생겼냐고 의사에게 물으니 7년 전이라고 말했다. 생각해보니 그때다. 남동생들로 얼마나 힘들고 스트레스를 받았으면 침을 삼킬 수 없는 종양이 생겼을까.

입원 며칠째인가. 서울 보혈순복음교회 안병성 목사님과 사모님이 병문안 오셔서 뜨겁게 기도해 주셨다. 마침 딸이 그 교회에 출석해 말씀을 드린 것 같다.

보름 후 퇴원은 했지만, 말도 할 수 없고 혀가 반으로 휘어져 음식을 넘기지 못해 물만 수저로 조금씩 넘겼다. 안방에서 남편을 부르려면 손뼉을 쳐야 하고, 필담으로 의사 소통을 하니 사는 게 말이 아니었다.

배는 고픈데 아무것도 먹을 수 없으니 신경이 예민

해졌다. 남편은 수박 물이라도 짜 먹으라고 가져왔는데, 그때 1층 마트 내외가 왔다. 갑자기 수박 접시를 그들 앞에 내동댕이치니까 혼비백산해서 돌아갔다.

 필담으로 왜 이런 모습을 보이냐고 아무도 들어오지 못하게 했다. 누워서 눈을 감으니 눈물이 베개를 적셨다. 말할 수 없을 정도로 자신이 초라하고 비참했다. 눈을 뜨고 창문을 바라보니 저승사자 세 명이 고개를 디밀고 나를 바라보고 때를 기다리는 것 같았다.

 다시 눈을 꼭 감고 주기도문. 사도신경으로 한참 동안 기도하는데, 갑자기 손끝에서 자근자근 만져 주시는 느낌을 받았다. 분명 주님이시다. 점점 올라가더니 어깨 바로 밑에서 멈추셨다. 내가 너를 사랑하고 지켜 줄 테니, 아무 염려하지 말라는 평안한 마음이 임하도록 따스한 만져 주심이었다.

 한숨 자고 나니 마음이 순해졌다. 구름 한 점 없는 파란 하늘을 한참 동안 바라보고 있는데 구름이 밀려온다. 계속 움직이며 하늘에 그림을 그린다. 하나님께서 심심하지 말라고 화가를 보내 주신 것 같은 착각도 했다.

아기 분유 먹어라

 밥 한 숟가락을 입에 물고 옥상으로 올라가 열 바퀴 돌아야 넘어간다. 위가 얼마나 줄었으면 3번 먹고 배가 부르다고 뇌에 신호를 보내면 목구멍이 닫힌다.

 하루는 숟가락이 무거워 멀뚱히 쳐다보고 있는데, 플라스틱 수저를 생각나게 하시고 '무엇을 먹어야 살 수 있나요'라고 생각하자마자 곧바로 "아기 분유 먹어라." 하신다.

 걱정하지 말라고 찾아오신 성령님은 때에 따라 생각으로 인도하셨다. 남편은 아기 분유하고 17가지 볶은 선식을 사다가, 요구르트 한 개와 조제를 해서 2시간에 한 번씩 떠먹게 해 줬다. 잘 때도 깨워서 먹여야 하니 얼마나 귀찮을까마는 그래도 먹으면 살 수 있다는 희망이 생겼다.

 그리고 신기한 것은 믹스커피를 수저로 떠먹으면, 음식 넘기기가 수월했다. 매운 것은 사레가 들려 아예 먹을 수도 없고, 초코파이와 믹스커피로 그나마 에너지를 보충할 수 있었다.

지금도 믹스커피가 떨어지면 불안하다. 외출할 때도 가방에 넣고 다닐 정도로 기호식품이 아닌 음식을 먹을 수 있게 도와주는 마력이 있다.

세 번째 경동맥해면동류 수술

두 번째 수술할 무렵 뇌에 문제가 있지만 걱정할 일은 아니라고 했다.

오로지 회복에만 집중하고, 더군다나 말을 할 수 없으니 사람들을 만날 수가 없었다. 궁리 끝에 혼자 구룡산에 올라가 시간을 보내다가, 알밤을 몇 개 주워오던 날이었다.

소파에 앉아 있는데 머리에서 소리가 계속 났다. 이상하게 여겨 수도꼭지를 확인해봐도 소리가 멈추질 않았다. 신경외과에 갔더니 신경이 예민하다며 한 움큼 약만 처방받아 먹어도 전혀 멈추질 않았다.

그런데 며칠 후 TV 화면이 두 개로 나누어져 보여

서, 대전 건양대병원을 거쳐 처음 수술했던, 세브란스병원으로 앰뷸런스를 타고 응급실에 도착한 즉시 중환자실로 들어갔다. 혈압이 높아 안정돼야 수술한다고 했다.

뇌동맥에 꽈리같이 불어난 것이, 서서히 터진 것만 해도 다행이라고 했다. 8일간 중환자실에서 오로지 보이는 것이라곤 벽시계뿐이고, 하루에 한 번씩 면회 시간에 만나는 남편은 매일 청주에서 올라와 울고만 갔다. 그 모습을 보고 딸은 웃었지만, 이 모든 상황이 얼른 지나가길 기도할 뿐이다.

두 개로 보이는 복시는 거의 정상인데, 머리에서 나는 소리는 시간이 지나면 좋아진다는 말을 듣고 완전히 멈추지 않은 상태로 퇴원했다. 갈 때는 단풍이 온천지에 울긋불긋 아름다웠는데, 내려올 때는 눈이 쌓여 딴 세상이 됐다. 마음이 울적하니 슬프다. 미국에 있는 아들은 엄마가 이토록 힘든 것도 모르고 잘 지내는지 보고 싶다.

회복은커녕 수술 횟수만 늘어가니 슬슬 지쳐갔다. 먹는 것을 도통 못 먹으니 체중은 점점 내려가고 등가죽은 바닥에 붙어 점점 절망감이 엄습해 왔다.

남편의 명예퇴직과 교통사고

남편은 커피 만드는 회사에서 명예퇴직하고 더 좋은 조건으로 이직을 했다. 한데 마누라가 뇌수술하기 위해 중환자실에서 혈압이 안정되기를 기다리는 판에 무슨 정신으로 장거리에 있는 직장에 다닐 수 있을까.

맨정신으로 견딜 수 없어 술집을 드나들며 집에 들어오기 싫다는 말을 여러 번 했다. 남편은 아예 중환자실에 있을 때 직장을 그만둔다고 해도 내가 오늘내일 하는 마당이니 무슨 말인들 할 수 있으랴.

며칠 후 마음이 붕 뜬 남편이 전화로,

"나 교통사고 났는데~ 배부른 여자도 있어. 큰일 났네."

이 말만 남기고 끊긴 전화지만, 누운 채로 일어나 앉을 수도 없어 눈만 감고 있다. 엎친 데 덮친 격. 죽어라 죽어라 하는 지금, 쓰나미가 얼마나 더 밀려와야 잠잠해질까요.

'주님~ 긍휼을 베풀어 주옵소서.'

500만 원 먼저 내놓고 시작하자던 사위가 운전한 자동차에, 장인이 임신 9개월 된 딸을 부추기며 내린 뒤로 2명이 더 내리는 모습을 보고 남편은 '이젠 내가 먼저 죽겠구나' 내려갈 곳 없는 밑바닥까지 내려가는 거라, 생각하니 앞이 깜깜했단다.

다행히도 덤터기를 씌우려 했던 운전자가 골목길에서 나온 과실로 판정이 나는 바람에 이 쓰나미는 파도만 치다 하나님의 광풍으로 물러갔다.

네 번째 또다시 뇌수술

퇴원하고 보름이 지났는데도 머리에서 나는 소리 때문에 견딜 수 없어, 이번에는 과감하게 충북대 병원으로 갔다. 재수술이니 힘들다는 의사 말이 무섭고 주눅 들게 했다.

수술실은 춥다. 더군다나 철판 위에 누워 있으려니

두려움보다 차가워서 더 떨린다. 갑자기 당회장 목사님께서 영으로 싹 들어오시는 모습이, 분명 주님이 부활하셔서 제자들에게 나타나시는 것처럼, 너무도 반갑고 선명해서 몸을 반쯤 일으켰다.

"목사님~ 어떻게 여기까지 오셨어요?"

그날 10시간을 수술했다. 아무리 기도해도 끝나지 않아 오늘 중으론 끝나겠지, 끝나고 말고 오히려 날 위로했다.

수술 후 의사 선생님이 잘 견뎌줘서 고맙다고 했다. 손을 보니 퉁퉁 불어서 두 배로 커진 손에 땀이 흥건했다.

나중에 들어보니 수술실 밖에서 목사님과 사모님께서 오랫동안 기도하셨다는 얘기에 '아~ 그래서 10시간을 견뎠구나' 할렐루야

네 번째 수술한 뒤로는 외출을 거의 하지 못했다. 남편과 딸이 예배 후 가져온 설교 테이프를 들으면서 영적 양식을 먹지만, 미칠 정도로 마음이 뒤집히면 며칠씩 나락으로 떨어져 더 먹지를 못했다.

욥의 친구들 같은 친구

오랫동안 소식도 없던 친구들은 전화로,
"교회에서 봉사도 많이 하고 열심히 다니더니, 어째 그런 병으로 고생해?"
친구를 위해서 단 한 번이라도 기도는 했을까.

중풍으로 고생하시던 친정어머니에게,
"하나님한테 무슨 죄를 지었길래 그런 벌을 받았어?"
그분도 같은 교인이다.

그야말로 5분 거리에 살던 아는 사람은,
"시간 있으면 한번 가 볼게."
누가 오라고 했나. 이렇게 염장 지르는 전화로 마음을 혼란스럽게 하고 아픈 상처를 사정없이 찔러대니 일어서려다 또 주저앉게 했다. 어느 정도 회복됐을 때 우연이 길에서 만났는데 미안하다는 말에 멀어서 어떻게 오냐는 말은 연습도 하지 않았는데 툭 튀어나왔다.

딸 친구 엄마가 한 말로 남편을 몇 달 동안 괴롭혔다.
"그런 남편하고 살려면 그만한 대가는 치러야지?"
이 말은 뭐야. 내가 죽을 만큼 남편이 잘났다는 말이 하고 싶은 건가. 아니면 남편을 흠모했나. 한마디 말이 얼마나 중요한지 나를 돌아보게 했다. 행여 나는 그러지 않았나.
힘들고 어려울 때 따뜻하게 손잡아 주고 안아 주는 친구들은 따로 있다는 것도 깨달음 중 하나다.

이 글을 쓰면서 그날 밤에 한 행동을 생각하니 눈물이 난다. 누구나 아는 사랑스럽던 탤런트가 목욕탕에서 자살한 뉴스에 며칠째 우울했다. 나 역시 살고 싶지 않은 마음으로 하루에도 몇 번씩 나하고 싸우는데 화장실에 들어가 줄을 만지작거리다 주저앉아 꺼이꺼이 울었다.
중풍으로 고생하는 어머니도 나를 생각하고 버티시는데, 나도 내 자식들 생각해서라도 꼭 살아야 하는데.

남편은 얼마나 놀라 자빠질까. 직장도 잃고 몸무게가 10kg 넘게 빠져 허우적대며, 먼저 죽고 싶을 때도 있었을 텐데.

그날 이후 열흘 동안은 먹지 못하고 산 송장처럼 눈을 뜨지 않았다.

"주님 살 수는 있을까요. 제발 말씀이라도 해 주세요."

그토록 문을 열어 주지 말라고 당부했건만, 김윤배 목사님하고 지역장일 때 윷놀이한 권사님이 오셨다. 일어나 앉지도 못하고 피골이 상접한 날 보더니 다리를 쓰다듬으며 "이렇게 젊은 사람이 불쌍해서 어쩌냐"라며 계속 우셨다.

내가 뭐라고 날 위해서 울어 주다니. 나도 소리 내서 울었다. 울고 싶었다. 얼마 지난 후 울어 준 마음이 고마워 꽃 내복을 사 들고 그 권사님 댁을 갔더니 살아 줘서 고맙다고 하셨다.

다섯 번째는 서울대 병원에서 목소리 복원 수술을 했다. 이때 아들이 미국에서 왔다. 정수리에 머리가 빠진 엄마의 모습을 보더니 펄쩍펄쩍 뛰면서 통곡했다.

아무리 안아 주고 다독여도 쉬 울음이 그치지 않았다. 제발 살아만 달라고 애원했다.

   그리고 몇 달 후, 드디어 남편이 폭발했다.
   2번째 수필집,『돌아서던 날』슬프디 슬펐던 그날입니다.

돌아서던 날

수필

 알만한 주변 사람들도 다 아는 얘기를 처음 듣던 날. 남편의 표정은 복잡했다. 십여 년 전 일이라 어처구니가 없었을 게다. 다시 말하면 배신감마저 들지 않았을까.

 2007년도 7월부터 시작한 수술과 입퇴원을 다섯 번이나 반복했던 지독하리만큼 긴 터널 진입에 전조등마저 고장 난 재수 없는 내 인생의 흑 역사다.

 성대종양 수술 후라 먹을 수도 없거니와 말도 제대로 할 수 없어, 필담으로 의사소통을 하던 때였다. 몸무게는 14Kg이나 빠져 누워서만 생활하니 안방에 들어오는 것조차 싫다고 했다. 하루 종일 하늘만 바라보고 먹지 못하니 신경이 예민해져 짜증만 내고 먹을 걸 해 와도 본체만체했으니 드디어 폭발했다.

"차라리 죽어라… 나라도 살게."

남편의 이 말은 진심이었다. 아무리 아니라고 해도 그건 본심이란 걸 안다. 나도 허구한 날 아프기만 했던 친정어머니가 죽기를 바랐다. 튼튼한 새엄마 얻어서 살면 좋을 것 같다는 생각을 했으니 오죽하면 차마 하지 말았어야 할 말을 했을까.

"그래 둘이 같이 죽자~."

오랫동안 아니 하루 정도 서로 입을 열지 않았다. 서운하지는 않았다. 나 역시 눈을 뜨기 싫은 날이 하루하루 늘어가고 지칠 대로 지쳐 손가락 끝까지 힘이 빠지고 등가죽은 침대에 딱 붙었다.

이튿날 남편이 나가자마자 간단하게 짐을 쌌다. 택시를 타고 시외버스 정류장에 왔지만, 목적지가 없다. 딱히 정하지 않고 나왔으니 의자에 앉아 한참을 고민했다. 남쪽이나 북쪽 청주에서 4시간이면 가장 먼 거리다. 돌아오지 못할 곳으로 멀리 가고 싶다. 아는 여인네가 반가워했지만, 무표정으로 대답을 했다.

  한 삼십 분이 지나니 얼른 이곳을 빠져나가고 싶어 속리산행 버스를 탔다. 집 앞으로 지나가는 것을 알기에 눈을 감았다. 나는 지금 도망가는 거다. 더 이상 살고 싶지 않다.

  남편이 어제 할 말이 밤새 괴롭혔다. 둘 다 죽으면 자식들은 어쩌고. 생각이 깊으니 아무것도 보이지 않고 들리지 않았다.

  보은에서 다시 속리산으로 가는데 손님이라고는 달랑 나 하나다. 백미러로 흘긋흘긋 쳐다보는 기사 양반이 내 표정을 읽은 것 같다. 세상은 온통 꽃이 만발한 5월인데 어찌 저런 슬픈 모습으로 어디를 가나.

  딸은 계속 문자를 보낸다.

  "엄마, 오늘은 어제보다 더 좋아지고 내일은 오늘보다 더 좋아질 거야."

  매일매일 하루에 세 번씩 전화에 세 번씩 문자를 보내며 힘을 내라지만 컴컴한 터널은 빛이 보이질 않는다. 다섯 번의 수술로 내 몸속의 진액은 다 빠져 버려 9개월이 지나도 몸무게가 늘지 않으니 자꾸만 헛발길질을 한다.

가족들과 나들이 나온 사람들이 자꾸만 쳐다보는 것 같아 일부러 혼자 여행 나온 여행객처럼 행복한 척했지만, 마음이 슬프니 이것도 못 할 일이다.

법주사 입구에서 일부러 고개를 오른쪽으로 돌렸다. 오늘만큼은 청동미륵보살의 미소도 보고 싶지 않다. 철철 넘쳐흐르는 약수도 본체만체. 아무 데나 걸터앉아 누군가 말을 걸어올까 봐 고개를 푹 숙이고 오른발로 애꿎은 땅만 팠다.

다섯 번째 수술하려고 입원하던 날. 처음으로 알게 된 아들은 머리카락이 빠진 정수리를 보고 펄펄 뛰면서 울었다. 미국에서 돌아가셨다는 연락을 받았더라면 난 어떻게 사냐며 제발 살아만 달라고 몸부림치며 애원했던 말들이 귓전을 울린다.

살아온 날들이 허망하고 덧없고 슬퍼서 눈물이 난다. 이겨 내려고 참았던 눈물이 주체할 수 없어 흐느끼며 울었다.

 얼마나 지났을까. 가지가 척척 늘어져 땅에 닿을 만큼, 소담스럽고 화사한 왕 벚꽃이 마치 날 기다렸다는 듯 오롯이 나만을 위하여 한꺼번에 개화해 꽃 잔치를 열어 준 것 같다. 몸만 돌렸을 뿐인데 보이지 않았던 꽃들이 눈에 들어오니 물안개가 걷히듯 마음이 환해져 왕벚꽃 나무 주변을 오래도록 서성거렸다.

 그래, 돌아서는 거야. 며느리도 얻고 시집도 보내야지. 무릎을 딱 치고 나니 그동안 못 먹었던 것들이 한꺼번에 허기로 몰려와 발걸음은 자연스레 식당으로 향했다. 몸이 원하는 대로 비싼 음식을 시켜놓고 천천히 음미하면서 먹으니 옛날 맛이 살아나는 기이한 일이 생겼다.

 그날부터 먹기 시작했다. 무엇을 먹을까, 애들 이름 부르듯 내 이름을 부르며 물어봤다. 부드러운 카스텔라. 열량이 높은 초코파이를 장롱 속에 감춰놓고 남편이 외출하면 몰래 꺼내 먹었다. 남편이 있으면 무조건 쪼끔만 먹고 일부러 힘이 없는 양 살고 싶지 않은 양

앙큼한 연극을 했다.

  그런 일화를 남들한테는 신이 나게 얘기했지만, 남편한테는 말하고 싶지 않았다. 진담으로 들었기에 보란 듯 복수를 하고 싶었다. 감정의 기복이 뒤엉킬 때나 억지를 부리고 싶을 때는 꽃등심이나 황도를 요구하고는 은근히 즐기면서 일부러 맛없다고 투정을 부리고 또 다른 것 도가니탕을 시켰다.

  먹는 거로 봐서는 일어나지도 못해야 되는데 점점 좋아지는 것이 남편도 이상하다고 했다. 손톱만큼씩 좋아지고 얼굴에 화색이 돌 무렵 10kg이나 몸무게가 빠진 늙은 남편의 모습이 보였다. 독기를 품었으니 간병하느라 고생한 모습도 마음도 보이지 않았다.

  마음속 깊은 곳에 있던 비밀의 방 열쇠를 열자 그 안에 잠자고 있던 미움도, 억지도, 투정도 나비가 되어 하늘을 향해 날아가고 대신 남편의 고마운 마음이 자리를 잡는다.

  지독한 말 한마디로 돌아서게 했으니 이보다 더 좋은 특효약이 또 있을까.

3

일만 번 주기도문의 축복

나를 사랑하는 자들이 나의 사랑을 입으며
나를 간절히 찾는 자가 나를 만날 것이니라

(잠언 8:17)

다섯 번의 다니엘 기도 응답

하나님을 향한 간절한 기도는 여러 가지 방법이 있다. 작정기도, 금식기도, 새벽기도, 기도원에 가서 하는 기도. 또 기간을 정해놓고 매일 아침 금식기도 중, 내가 문제 있을 때마다 급하게 하는 기도는 다니엘 기도다.

예루살렘을 향한 창문을 열고 전에 하던 대로 하루 세 번씩 무릎을 꿇고 기도하며 그의 하나님께 감사하였더라 (다니엘 6:10)

하루에 세 번 9시, 12시, 3시. 21일 동안 하는 작정

기도다. 기도 제목을 쓰기 전 맨 위에는 「믿고 구한 것은 반드시 이루리라」

성경 말씀 밑에 기도 제목을 자세하게 적고, 21일 동안 날짜를 적은 다음 하루하루 지나면 동그라미로 표시한다.

다니엘 기도를 해 본 사람은 그 비밀을 안다. 기도하려고 마음만 먹어도 기도가 응답 되는 기적을 체험했기에 수없이 했던 기도 방법이다. 가장 기억에 남는 것은, 아들과 함께 무려 다섯 번이나 연속으로 할 수밖에 없는 다급한 상황이 있을 때였다.

아들이 미국 라스베이거스에서 호텔경영대학을 졸업하고 호텔에서 1년쯤 일했을 무렵이었다. 보고 싶어도 쉽게 오고 갈 수 없는 먼 거리라, 한국에서 살았으면 좋겠다는 생각으로 새벽마다 돌아오길 기도했다.

마음이 급해 기도 부탁을 드렸더니 "미국이 얼마나 좋은데 들어와요?" 무참하게 일침을 들어야 했다.

하나님한테 기도하면 되는 것을, 어찌 사람에게 부탁해서 마음만 더 힘들게 했을까.

반드시, 꼭 돌아올 것을 기대하며 포기하지 않고 새벽마다 간절하게 기도했다. 아들이 전화할 때마다 마음이 움직인다는 것을 감지했다. 더 열심히, 무시로 기도했을 때 아들이 마음이 변할까 봐 비행기표를 먼저 끊었다는 소식을 전해왔다.

"할렐루야~" 감사기도를 드렸다.

직장을 딱히 정하지 않은 상태로 돌아온 아들과 이틀 후 바로 다니엘 기도를 시작했다. 시작한 지 일주일 만에 아들이 원하는 직장에 이력서를 넣게 되었다.

그날 바로 3일 금식을 하겠다고 했다. 자식을 위한 일이니 뭔들 못 할까. 그런데 둘째 날 저녁부터 토하기 시작하는데 거의 초주검이 될 정도로 멈추지 않았다.

아들이 "엄마, 이러다가 죽겠어요. 내가 더 열심히 기도할 테니 제발 멈춰 주세요."라며 무릎 꿇고 울면서 말렸다. 계속 먹지 못한 상태로 금식하니, 속이 뒤집혀 계속 토하니 뱃가죽이 당기고 목이 아파 며칠 앓아누웠다.

3만 명 응시자에서 천 명 안에 든 합격은 두 번째

다니엘 기도 중이었다. 2차 합격은 600명, 초조한 마음으로 확인한 3차는 불합격이었다. 온 식구가 실망하여 아무도 방에서 나오질 않았다.

옥상으로 올라가 어찌할 바를 모르고 우두커니 있는데, 아들이 합격 통보가 왔다고 얘기할 때는 정말 믿어지지 않았다. 서로 손을 맞잡고 빙빙 돌면서 하나님께서 하셨다고 춤을 추었다. 회사에서 착오가 있었다는 말은 지금도 미스터리다.

5차까지 가는 취업 문은 정말 피 말리는 불안감, 초조함, 긴장감의 연속이다. 오로지 할 수 있는 것은 하나님을 향한 기도뿐이었다. 자기 전 안방에서 기도하다가 아들 방을 빼꼼히 열어 보니, 무릎 꿇고 기도하고 있는 모습을 보니 안쓰러워 다시 오랫동안 기도했다.

지칠 무렵에는 성령님께서 '두려워하지 말라, 평안하라, 강건하라'라는 말씀으로 힘을 냈다. 면접관의 마음을 움직이려 그 회사의 로고에 맞는 넥타이를 매고, 순간순간 강하고 담대한 마음으로 기도했다는 아들이 참으로 장했다. 할렐루야

드디어 최종 합격.

온천지가 꽃 대궐인 줄도 모르고, 꽃이 도통 보이지 않았던 봄은 지나갔다. 5차 동안 다니엘 기도는 105일이다. 3개월이 넘는 기간을 오로지 기도만 했다. 미국에서 돌아오자마자 취업을 했으니 이 얼마나 큰 하나님의 기적 같은 선물인가. 첫 봉급을 온전히 감사 예물로 드리고, 하나님께만 무한 영광을 올려 드렸다.

다니엘 기도는 응답률이 아주 높다.

일만 번 주기도문의 축복

 그 당시로 보면 28살에 한 결혼은 좀 늦은 편이었다.
 그래서 자식들 결혼은 내 맘대로 서둘렀다. 그도 그럴 것이 오랜 투병 생활에 지쳐 언제 떠날지 모른다는 생각이 늘 짓눌렀다.
 자식들 혼사만큼은 내 손으로 해 주고파 이 사람 저 사람한테 소문을 냈지만 쉽지 않았다. 그래서 원하는 배우자상을 열 가지씩 적어 달라고 했다.
 왜냐면 『쓰면 이루어진다』라는 책을 읽은 바도 있고, 나 역시 이루고자 하는 것을, 써 놓는 순간 온 우주의 기운이 내 무의식 세계를 움직여 이루어진 경험이 많앉았다.

둘 다 첫 번째는 하나님을 믿는 가정이라고 썼다. 그런데 믿는 배우자를 만난다는 것은 현실적으로 어려웠다. 인구비례로 봐도 10명에 한두 명이니 종교를 말하는 순간 탈락이었다.

그때 마침 『일만 번 주기도문의 기적』이라는 책을 읽게 되었다. 암을 수술하려고 기다리다 일만 번 기도해서 완치판정을 받은 후 퇴원했다는 얘기는 믿는 사람이나 고개를 끄덕일 뿐 누가 믿으랴.

책을 먼저 읽어 보라던 지인은 숫자 누르는 작동기를 누르면서 기도하라고 했다. 오죽 간절했으면 염치 불고하고 받아 왔을까.

그날부터 작동기를 주머니에 넣고 걸을 때나 어디서나 중얼중얼 때로는 속으로 주기도문 기도하면서 숫자를 눌렀다. '우리를 시험에 들지 말게 하옵시며 다만 악에서 구하옵소서'라는 말씀엔 더욱 힘을 주었다.

한나가 입술만 움직이고 소리는 들리지 않으니, 취한 줄로 착각했다고 엘리가 말하되 나는 마음이 슬픈 여자라고 대답하는 장면이 있다. 나도 너무나 간절하니 남의 눈은 전혀 의식하지 않고 오로지 기도에만 전념했다.

  처음엔 이삼백. 마음이 복잡할 때는 더 많이 하고, 어떤 날은 600번도 넘게 한 날도 있다. 자다 깨면 주기도문 기도를 하다가 잠이 들 때도 여러 번 있었다.

  점점 주기도문이 쌓일수록, 사위나 며느리를 곧 만날 것 같은 희망이 생기면서 하나님께서 열심히 찾고 계신다는 마음에 새벽 기도 시간이 더 길어졌다.

  기도 중에 다른 사람들의 결혼 소식이 들려오면 마음이 조급해지고, 왜 짝도 못 찾아서 날 애태우나 자식들 탓할 때도 많았다. 이럴 때면 주문처럼 '믿고 구한 것은 반드시 이루어진다' 약속의 말씀으로 힘을 냈다.

  주기도문이 구천 번이 넘어가니 매일매일 마음이 설렜다. 기쁜 소식이 오늘 올까? 아니면 이번 주는 오겠지. 구천오백 번이 넘었을 때인가? 새벽예배에 무릎을 꿇자마자 머리끝에서 발끝까지 평안이 임하면서 좋은 소식이 곧 올 것 같은 생각에 머리가 바닥에 닿도록 감사기도만 드렸다.

그리고 며칠 후 전화가 왔을 때 너무 좋아 울면서 전화를 받았다.

"좋아서 우시는 거죠?"

첫 만남부터 마음에 흡족한 며느리를 맞이했다.

일만 번 주기도문은 끝났지만, 딸을 위해 다니엘 기도는 물론 새벽예배는 계속됐다. 내 자식이지만 딸은 까칠하고 할 말은 하고 똑 부러져 내심 걱정했다. 다혈인 성격은 부모를 닮았으니 어쩌랴.

딸도 10가지 조건 중 첫 번째가 믿음 있는 가정이었다. 계속 기도 중에 믿지 않는 가정이면, 그 가정에 선교사로 파송 간다는 마음이면 어떠냐고 했다. 나 역시 믿지 않은 가정이었지만 시아버지를 전도해서 대대로 내려오던 우상숭배도 끝나지 않았나. 할렐루야.

딸의 허물을 보자기로 이리 싸고 저리 싸듯 배려심 많은 사위를 만났다. 신기하게도 자기주장이 강하고 센 여자를 찾던 사위와는 천생연분이라 했다. 9번째로 왼손 약지에 티파니 반지 끼워 줄 사람도 적었는데 그마저도 쓰면 이루어진다. 하나님은 또 어떻게 찾으셨는지

자고로 불가능이 없다.

  한나는 사무엘을 하나님 앞에서 자라게 하니 세 아들과 두 딸을 얻었고, 나는 단지 일만 번 주기도문 기도를 하나님께 드렸더니, 자식들 혼사도 못 시키고 이 세상을 떠날 줄 알고, 노심초사였는데 두 가정에 손자들까지 보내 주신 좋으신 하나님을 찬양합니다.

어머니 학교

사랑하는 우리 엄마

'엄마'라는 말만 해도 벌써 가슴 한편이 먹먹해지네.

늘 나의 구원투수로, 1분 대기조로, 든든한 기도의 동역자로 곁에 있어 줘서 고마워. 벌써 10년도 지난 이야기지만, 엄마가 큰 수술을 여러 차례 받으며 생사의 기로에서, 건강하게 다시 우리 곁으로 돌아와 줘서 나는 너무 고맙고 든든해.

나의 결혼은 지금 돌이켜보면 엄마의 기도와 적극성이 만들어 낸 환상의 결과물이야. 그때 엄마가 적극성을 띠지 않았다면, 아마 지금 노처녀로 일만 하고 있을

지도 몰라. 또 엄마의 기도와 적극성은 나의 2세 계획에도 영향을 미쳤지.

딩크였던 우리 부부에게 새벽예배로, 철야예배로, 금요철야예배로 무시로 기도해 우리의 마음이 변하고 지금은 세상 그 무엇과도 바꿀 수 없는 이준이를 만날 수 있었지.

내 삶에서 과연 '엄마'를 빼고 그 어떤 것이 가능할 수 있을까?

지금도 우리집 냉장고엔 엄마표 반찬과 직접 농사지은 고구마 등 엄마의 손길이 닿지 않은 곳이 없는데….

엄마

이제 내가 하고 싶은 말이 있어. 엄마의 기도가 세운 우리 가정은 너무 행복해. 모난 딸을 감싸 안을 수 있는 '보자기' 같은 배우자를 놓고 기도한 엄마 기도 덕에 지금의 '황금 보자기' 같은 남편을 만날 수 있었고, 너무 귀여운 우리 4세 배이준의 성장을 곁에서 바라보는 것도 너무 행복해.

이제 이 행복의 순간들을 오래~ 함께~ 누리며 살아

가면 좋겠어.

이번 주말 부산 여행도 즐겁게 잘 다녀옵시다. 권사님!

사랑하고 사랑해. 엄마의 사랑을 느끼는 딸

*윗글은 딸이 섬기는 교회에서
「어머니교실」 프로그램에 참여하여 쓴 편지글이다.

나의 어머니

- 김옥희 권사님

친정어머니는 55살에 쓰러지셨다. 폐암 선고받은 친정아버지 살려 보겠다고 얼마나 애태우셨으면 정신줄을 놓았을까. 자식들은 다섯이나 되고 기둥이 무너지니 앞이 깜깜했을 거다.

5일 만에 오른쪽 수족을 못 쓰시는 중풍으로 판정받으셨다. 35살인 내게 닥쳐온 고난은 감당하기 어려워, 맘 놓고 울 곳은 교회밖에 없었다. 캄캄한 곳에 혼자 있어도 무섭지 않고 어두움이 오히려 편안했다. 기도하다 부모님이 불쌍해서 울고, 하나님은 이 상황을 어떻게 하실 건지 말씀해 달라며 떼쓰다가 울다 지쳤다.

아버지는 청심환 챙겨주라며 어머니를 걱정하시다가 황망하게 떠나셨다. 어머니를 고쳐 보겠다고 자식들은 백방으로 손을 써 봐도 병원에서는 더 이상 어렵다고 했다. 내 힘으로 어떻게 어머닐 정상으로 되돌릴 수 있단 말인가.

섬광처럼 히스기왕이 떠 올랐다. 하나님께 금식하며 기도해서 15년이나 생명을 연장해 주신 성경 말씀을 마음에 새겼다. 새벽예배를 다니며 어머니도 생명을 연장해 달라고 몸부림치며 기도에 매달렸다.

어머니는 어렸을 때부터 늘 아팠기 때문에, 내 유년기는 우울했다. 5학년 때인가 교실 앞문이 드르륵 열리는데 엄마가 돌아가셨다고 연락 온 줄 알고 가슴이 덜컹 내려앉았다. 어린 마음에 오죽했으면 튼튼한 새엄마로 바꿨으면 좋겠다는 생각을 했을까.

어머니가 자식들을 위해 늘 칠성신께 정성을 들이는 모습을 보고 하나님께 기도하면 된다고 단호하게 말했다. 마침 남동생이 서울대에 들어가기만 하면 하나님을 믿겠다고 하신 내기에 동생은 서울대에 들어갔다.

아버진 몰려다니며 교회 다니는 것을 싫어하셨다. 비 오는 날 TV를 마당에 내동댕이치며 불같이 화를 내서 무서워 벌벌 떨던 생각이 난다. 집에서 정화수 떠 놓고 정성을 들이는 모습이 더 효과가 있다고 생각하셨던 것 같다.

어머니가 교회에 열심인 만큼 환난도 따랐다. 여러 군데 다녀도 뚜렷한 병명이 나오질 않아 오산리 금식 기도원에 가서서 불 성령을 받고 오셨지만, 사탄은 어머니를 끊임없이 괴롭혀 영적 싸움하는 것을 눈으로 보게 됐다. 일찍 돌아가신 친정 작은아버지가 나타나 "제수씨~ 얼른 나하고 같이 가요~."라고 말한다고 했다.

누워 있는 어머니는 성경책을 배 위에 놓고, 자식들에게 찬송가를 부르게 하셨다. 목이 쉬도록 불러야 떠나는 사탄들의 속성을 그때 알았다. 사탄은 찬송가를 제일 무서워한다.

내가 결혼할 무렵 어머니의 얼굴은 성령 충만으로 빛이 났다. 그리고 담대하셨다. 먼 거리인데도 불구하고 새벽예배를 쉬지 않으셨다. 어머니께서 믿음에 본을 보이셨기에, 그 믿음은 자식들을 살리셨고 대를 이어져 내려간다.

아버지 떠나시고, 몸은 불편해도 어머닌 늘 감사하다는 말을 호흡처럼 하셨다. 우리집에 오셨을 때 잠이 드셨나 방문을 열어 보니 기도하고 계셨다.

옆에 살그머니 앉아 중보기도 소리를 들어보니 나라를 위해서, 이웃을 위해서, 친족을 위해서 기도하시는데 10명, 20명, 50명, 70명 끝이 없다.

정작 자신은 오른쪽 수족을 쓰지 못해 왼손으로 모든 것을 다 해야 하는 불쌍한 사람인데도 불구하고 어쩌면 저리도 당당하실까. 저 힘은 분명 하나님이 공급하시는 거다.

어머니는 직장 다니느라 늘 허둥대는 딸을 위해, 꼭지를 입에 물고 고추 20근을 다듬어 놓을 때 고맙다는 말보다 왜 했냐고 소리를 질렀다. 어머니가 안쓰러워 돌아서서 펑펑 울었다. 오히려 어머니는 등을 토닥이며 괜찮다고 했다.

어린 마음엔 새엄마이길 바랄 때도 있었지만 새엄마

는 어림도 없다. 남편이 새엄마하고 살아서 그 심정을 안다. 난 새엄마를 원했고 남편은 지금도 친엄마가 그리워 뜨거운 눈물을 흘릴 때가 한두 번이 아니다.

내가 다섯 번 수술로 도저히 살아 낼 수 없을 때, 어머닌 자신을 먼저 데려가 달라고 울부짖으며 새벽마다 기도했다는 말을 전해 들었다. 딸을 남편처럼 의지하고 사시는 불쌍한 어머니 눈에 피눈물 날까 봐 이를 악물고 이겨 냈다.

어머니는 섬기는 교회 목사님을 위해 자식들이 주는 용돈을 모아 양복을 해드리기도 하고, 보양식 하시라고 살아 있는 미꾸라지를 사다 드려 사모님이 놀랐다는 얘기도 들었다.

요양원에 계실 때도 매일 성경 말씀을 두세 시간씩 읽으시고, 그곳에서 2명을 전도했다는 말에 박수로 함께 기뻐했다.

"하나님께 무슨 죄를 지어 그런 병으로 벌 받았어?"라고 했던 교인은 단 한 명이라도 복음을 전했을까? 지금도 생각하면 가슴이 저리고 아픈데 어머니는 어떻게 그 마음을 새기셨을까.

골골 팔십이라더니 중풍으로 30년 사시다가 85세에 천국 가신 날. 자식들이 섬기는 교회에서 목사님 다섯 명이 오셨으니 얼마나 좋아하셨을까.

김옥희 권사님!

믿음을 유산으로 남겨 주셔서 참으로 감사합니다.

'엄마~보고 싶어요~.'

나로 인하여 구할 것은 내게 말씀을 주사
나로 입을 열어 복음의 비밀을 담대히 알리게 하소서
(에베소서 6:9)

복음을 전했던 사람들

시할머니

남편은 가엾게도 어머니 얼굴을 모른다.

18개월 때 돌아가셨으니 70이 넘어도 어머니가 그리워 눈물을 흘릴 때가 한두 번이 아니다. 그 공허한 마음은 아무도 이해할 수가 없다. 하얀 도화지에 어머니 얼굴을 그려 보려고 커다랗게 원을 그려놓고 더 이상 점 하나도 찍지 못하는 안타까움은 듣기만 해도 마음이 찡하다.

그런 손자이기에 첫아이 낳았을 무렵부터 시할머니

와 같이 살게 됐다. 손자 바람막이라 증손자보다 내 손자가 더 중요해 사사건건 간섭하시고 독한 말로 힘들게 하셨다.

하지만 하나님 사랑은 허다한 것도, 다 덮을 수 있는 신기한 마력이 있다. 할머니 말씀에 순종하니 잔소리 들을 일도 줄어들고 할머니의 고단한 삶도 이해가 됐다.

그날을 결코 잊을 수가 없다.

"저기 논둑에 하얀 옷 입은 사람들이 왜 이렇게 많으냐."

순간, 할머니의 장례 모습이라고 생각했다. 급한 마음에,

"할머니~ 하나님 믿으면 천국 가요."

하나님 얘기에 옆에 계시던 시어머니는 갑자기 관세음보살을 연거푸 하신다. 시어머니에게는 하지 말라고 손짓하시면서 큰소리로,

"왜 진작 나한테 말 안 했냐?"

역정을 내는가 싶어 놀랐다. 할머니가 무서워 감히 하나님 믿으시라는 말을 꺼내지 못했다. 순간적으로 하

나님을 믿으신 건가, 하나님을 영접하신 건가.

복음을 전하지 않은 것도 죄라는 말씀이 생각남은 분명 깨달음이다.

할머니도 천국에 가신 걸까?

담임 선생님

신앙 간증문을 쓰는데 신기한 일이 여러 번 있었다. 복음을 단 한 번이라도 전했던 순간들을 생각나게 하시고, 아주 작은 것도 쓰길 원하신다는 것을 깨달았다.

갑자기 고등학교 3학년 자율학습 시간이 떠올랐다. 수학 선생님은 수업 시간에 하나님을 만나 변화된 자신의 얘기를 신나게 하셨다. 밤중에 산에 가서 소나무를 붙들고 얼마나 열심히 기도했으면, 그 큰 소나무가 뽑혀서 쓰러지는 바람에 깔려 죽을 뻔했다는 얘기를 왜 떠올리게 하셨을까.

담임 선생님에게 하나님을 믿으시라는, 즉 전도하는데, "야~ 하나님이 어딨어? 하나님을 믿느니 내 주먹을 믿는다."

선생님에게 복음을 전했던 담대함이 쌓이고 쌓여서 "쌓아 두신 은혜 곧 주께 피하는 자를 위하여 네 인생 앞에 베푸신 은혜가 어찌 그리 큰지요"(시편 31:19)

쌓아 두신 은혜가 신앙 간증문을 쓰도록 오늘까지 단련하신 일인가. 그렇지 않고서야 오십 년 전 일이 어찌 이 순간에 생각날 수 있을까.

담임 선생님은 일평생 주먹만 믿고 사시다 떠나셨을까?

외삼촌 딸

외삼촌도 결혼 전에는 교회에서 청년부 회장을 했지만, 논산이 친정인 외숙모와 결혼 후 외숙모가 이끄는 대로 교회 다니는 것은 끝이었다. 친정어머니가 아무리 권해도 호탕하게 웃기만 했다.

그런 걸 보더라도 가정에서의 영적 호주는 여자라는 생각이 든다. 세상은 남자가 지배해도 그 남자를 지배하는 것은 여자라고 했지만, 영적인 것은 남자가 여자

이끌기 어렵다. 솔로몬도 여자들 집에서 가져온 많은 우상에게 무너지지 않았나.

지난해에 외삼촌에게는 딸을 먼저 보내는 큰 슬픔이 있었다. 47살인 이종사촌이 암에 걸려 회복하지 못하고 떠났다.

결혼도 안 한 미혼인 딸은 부모한테 효녀였지만 끝내 혼자서만 하나님을 믿었다. 너무나 안타까워 이모와 함께 중보기도 하면서 힘내라고 문자도 여러 번 보냈다.

몇 달 후 좋은 소식이 들렸지만 끝내는 장례식장에서 외삼촌 내외를 만나야만 했다. 하나님을 열심히 믿는다고 하는 젊은 사람에게 이렇게 어처구니없는 상황에 부딪히면 과연 하나님 뜻은 무얼까 의문이 생긴다.

무슨 말로 위로를 할지 말이 나오질 않았다. 다만 하나님을 믿지 않으면 절대 딸을 만날 수 없다는, 마치 경고하듯이 같은 말만 거듭 강조할 뿐이었다.

어어령 교수님도 딸을 먼저 보내셨다. 아버지가 없는 천국에 혼자 쓸쓸하겠다는 말에 하나님을 믿게 됐다고 고백했다. 나이가 많아짐에 이별할 날이 점점 다가오니 가족 구원이 얼마나 중요하고 값진 일인가 깨달았다.

  온 가족이 하나님을 믿는 가정은 큰 축복이다.

  부모라면 자식들한테는 믿음이 유산이 되고, 자식들이 부모에게 하나님을 믿게 기도한다면 그건 소원을 응답받는 것이다.

기도의 동역자들

 오랜 세월을 함께해 온 지인들이 있다. 서로 다른 교회를 섬기는 믿음의 동역자 즉 기도의 용사들이다. 서로를 위해 중보기도를 한다는 것은, 아픔을 나누거나 기도 제목을 공유해 승리를 이끄는 것이다.

 그 권사님이 전화했을 때는 이미 집을 나와 아들네 집에 머무르는지가 달포가 넘었다. 반가움도 반가움이었지만 그 사연이 궁금했다. 또 남편이 얼마나 폭력을 휘둘렀으면, 저 사람한테 맞아 죽으려고 태어났나 생각하니 더 이상 남편 얼굴을 보고 싶지 않아 피신했다고 했다.

70이 넘어도 변하지 않는 그 남편을 나도 안다. 덩달아 화가 나서 잘했다고 할 정도로 평생을 시달리며 사는 권사님이 불쌍했다. 단지 하나님을 믿는다고 핍박하는 정도가 내가 아는 모든 사람 중 최고다. 그 영적 싸움은 언제 끝날지 계속 중보기도 중이다.

그 권사님과의 만남은 여의도순복음교회에서 발행한 전도용 『신앙계』 책자였다. 예수님의 시신을 쌓았던 수의와 부활에 대한 글을 읽으면서 은혜를 받았다. 물론 친정어머니도 한창 성령 충만할 때라 복음을 전한 기억이 어렴풋하다.

하나님을 영접할 때부터 그 권사님은 뜨거웠다. 그도 그럴 것이 시댁 가족들로부터 핍박과 폭력으로 삶이 곤고 할 때, 예수 믿고 구원받으란 말이 가슴에 툭 떨어져 파문이 일었다고 했다.

교회가 친정집에 가는 것보다 더 평안했다고 말한 권사님은 아침 금식, 3일 금식으로 먹는 것보다 금식하는 날이 더 많은 기도 생활에 늘 성령이 충만했다. 오죽하면 피신해서 숨어 사는 권사님에게 남들은 이혼하라고 쉽게 말하지만, 가정이 깨어지는 것은 분명 하나님이 원하지 않을 것이다.

권사님은 마귀 사탄에 사로잡혀 알코올 중독에 빠진 남편에게, 악의 세력을 물리쳐 달라며 눈물로 기도하고 있다. 정말 죽기 전에 거듭나지 않으면 변할 수 없는 그 남편의 구원을 위해 중보기도로 힘을 보태고 있다. 하나님께서는 어떤 모습으로 승리로 이끄실지 내심 기대가 된다.

권사님은 오늘도 "하나님 남편을 변화시켜서 꼭 구원받게 해 주세요." 그것만이 하나님의 승리입니다.

정말, 소중한 기도의 동역자를 쓰려니 마음이 먼저 따가울 정도로 아프다. 아물 수조차 없는 깊은 상처를 건드리는 것은 아닌지. 이 권사님은 직장에서 만난 동료인데 언니라고 부른다.

한참 동안 고민했다.

하지만 이 언니가 동역자 중 일등이니 성령님께 물어봤다. 어찌해야 하나요? 내 생각에 이 언니는 천국 열쇠를 가지지 않았을까 싶을 정도다. 그만큼 고난과 슬픔이 감당할 수 없을 만큼 컸다. 하나님의 위로는 남을 위로할 때 비로소 위로받는다.

다섯 번 수술을 거치면서 회복이 어려워 삶의 끈을 놓으려 할 때도 이 언니를 생각했다. 이 언니는 어떻게 살아 냈을까. 어떻게 버티고 이겨 냈을까?

두 번째 수술로 세브란스병원에 입원하고 있을 때, 이 언니는 천사같이 나타났다. 아주 가까운 사람일지라도 서울까지 병문안은 쉽지 않다. 그야말로 탈출하고 싶은 마음이 들 정도로 갑갑할 무렵, 두 번씩이나 병문안 온 거였다. 얼마나 답답하냐며 휠체어에 태우고 밖으로 나온 순간, 온몸으로 느꼈던 바람 냄새에 울컥 눈물이 나왔다. 분명 하나님의 사랑임을 깨달았다.

이뿐만 아니라 제대로 먹지 못하는 내게 먹을 것을 수시로 가져오고 간병하는 남편에게는 염소탕을 가져와서 힘을 내게 했다.

이외에도 몇 명 더 있지만, 기도의 동역자는 말할 수 없는 고통과 고난을 이겨 낸 자만이 상대방의 고통을 이해하고 상대방을 안아 줄 수 있다. 당해보지 않으면 알 수 없는 삶의 문제들이 얼마나 많은가.

우리네 삶은 참으로 고단하다. 고난의 연속은 언제 끝나나? 답은 간단하다. 모든 것은 죽어야 비로소 끝난다. 그러니 사는 동안만이라도 하나님 의지하면서 매일 매일 승리하는 길밖에 없다. 그래서 하나님은 오늘도 쉬지 말고 기도하라고 하신 건가?

이 간증문을 쓰는 동안 정말 어처구니없는 일이 생겼다. 분명 사탄이 막고 있다는 걸 한참 후에 깨달았다. 간증문을 통해 많은 영혼이 구원될까 봐 미리 겁을 먹고 방해를 하는 것이 분명하다.

다름이 아니라 오래전에 수술한 후유증으로 계속 이가 빠지는 고통을 겪고 있는데, 앞니가 3개 빠지더니 또 아랫니 3개가 덩달아 빠져 집 안에 갇혀있는 꼴이 됐다. '이래도 포기하지 않을 거냐'고 겁박을 한다.

하지만 무엇이 두려운가. 하나님의 강권적인 은혜로 오늘까지 생명 연장해 주셔서 자녀들의 자식한테도 하나님을 전하는 전도자 역할을 수행하니 이 또한 감사한 삶이지 않은가.

4

흔적

10여 년을 넘게 투병 생활하면서
오로지 의지할 수 있는 것은 주님과의 동행이었다.
그리고 글쓰기
절망이 고개를 쳐들 때
복잡한 마음을 토해낸다는 것이 큰 위로가 됐다.

흔적

수필

어제 감아야 할 머리를 하루 더 미뤘다. 이렇게라도 미루다 보면 머리에 붙어 있을 날이 하루 더 길어질 거라는 나름대로의 계산법은 그만큼 절박해서다.

하루에 보통 80~100개가 정상이라지만 한 움큼씩 빠지다 못해 머리를 만지기만 해도 손바닥에 붙어 있는 것이 수십 개씩이니 예민할 수밖에 없다.

이러다가 정말 대머리 되는 것은 시간문제다. 감던 머리를 움켜쥐고 거울을 본다. 알 수 없는 분노가 치민다. 6개월이면 정상으로 된다고 의사는 자신 있게 말했건만 6년이 더 된 지금까지 손바닥만 하게 텅 빈 정수리. 왜 머리카락은 나를 거부하고 떠나는지. 그냥 다 밀어 버리고 싶다. 머리 감을 때마다 두려움 때문에 한참을 주저앉아 꺼이꺼이 울었다.

그런데 누가 말해 주는지 '괜찮아, 괜찮아 그까짓 거 뭐 대수야. 어제 떠난 사람이 그토록 살고 싶어 한 오늘 이 시간 살아 있잖아' 머리카락을 쓰다듬으며 남아 있는 것이 더 많다고 다독였다.

6년 전. 쉰 목소리가 문제의 발단이었다. 알만한 이비인후과에서는 피곤이 원인이라며 물을 많이 마시라는 처방이다. 가습기도 사용하고, 보약도 먹어 보고 물은 평소보다 몇 배 더 마셨지만 결국엔 가족 간의 대화도 어려웠다.

CT 결과 성대종양과 성대마비라는 청천벽력의 진단이 나왔다. 서울로 가야 한다는 주변 사람들의 말에 첫 번째 수술은 세브란스병원이었다. 어쩜 그리 무지했던지 무지했기에 용감했을 것이다.

두 번째 성대복원 수술 후 꽈리같이 불어난 뇌혈관이 터졌다. 급박한 상황이라 앰뷸런스에 실려 중환자실

독방에서 혈압이 조절되기를 8일간이나 감금 아닌 감금상태에서 하루에 이십 분씩 두 차례 식구들 얼굴을 볼 수 있었다. 오른쪽 눈은 사물이 두 개씩 보이고 머리에서는 이상한 소리가 24시간 끊이지 않고 괴롭히는 경동맥해면동루라는 뇌출혈이다.

세 번째 수술 후 경과가 좋지 않아 네 번째 수술을 할 수밖에 없는 상황에 이미 체중은 14킬로나 빠져, 앉아 있기도 힘들고 물도 제대로 마시질 못해 수저로 떠먹으니 체력은 바닥이다.

밤마다 헛것이 보이고 저승사자는 떼로 몰려와 창문에서 자꾸만 손짓을 한다. 허공에 손사래를 치면서 아직은 아니라고 강하게 부인하며 처절한 심정으로 무릎을 꿇었다. 착하게 살겠노라, 겸손하게 살겠노라. 행여 선한 일을 행했다면 한 가지라도 기억해 달라며 감히 하나님께 으름장을 놓았다. 그 밤에 신은 들으셨고 손톱만큼씩 회복되는 만큼 감사하는 마음이 미움을 밀어내니 점점 살이 오르기 시작했다.

그런데 주체할 수 없을 정도의 탈모는 예전과 달리

주눅 들게 한다. 모자를 쓸 수 없는 장소에서는 어쩔 수 없이 가발을 쓰지만 모자가 잘 어울린다는 사람들 역시 탈모가 어느 정도인지 궁금할 게다.

 지독한 네 번의 수술로 모근까지 빠져 버린 흔적은 모발 이식이 아니고는 다른 방법이 없다는 피부과 의사의 말은 은근히 모발 이식을 권장하는 말투다. 두피가 튼튼해져야 머리카락도 두꺼워지고 윤기가 나는데 먹는 음식 양으로 매일매일 떠나는 머리카락을 무슨 수로 잡을 수 있단 말인가.

 그럼 이쯤에서 타협을 하자. 죽음의 문턱에서 불합격된 것은 이 흔적을 통해 자신을 비춰 보는 거울로 삼으라는 선물임에 틀림없다. 그렇지 않으면 잘난 척하고 으스대고 자식에게 집착하고 움켜쥐려는 탐욕을 끌어안으며 이전 모습으로 되돌아갈 것이 분명하다. 우선은 이마에 인상을 펴고 입꼬리에 힘을 빼야 부드러워진다.

 불쑥불쑥 원망과 불평이 뽀글뽀글 고개를 쳐들 때마다 마음속 깊은 곳을 건드려 흔적을 쓰다듬으며 아드레날린이 분비되도록 칭찬하고 또 칭찬하자. 다섯 번씩이나 수술했던 그 힘든 과정을 딛고 일어선 이쯤에서, 몹쓸 병으로 투병생활하는 사람들에게 기꺼이 흔적을 보여주며 두 손을 맞잡고 활짝 웃어 주는 마니또가 되자.

정말 그랬다. 뇌종양으로 몇 번씩 항암치료를 받아 머리카락이 다 빠진 이웃에게 서슴없이 모자를 벗고 뒤돌아서서 흔적을 보여주니 빙긋이 웃으며 얼굴이 환해진다. 양팔양다리가 없고 휠체어에 의지하면서도 남에게 통증클리닉으로 희망을 주는 사람도 있는데 감히 장애인이라고 투정부리고 앵앵거리면 그야말로 그건 사치다.

이미 떠나 버린 것에 미련을 두지 말고 남아서 지켜주는 머리카락에게 떠나지 말라고 사정을 해보자. 아기 달래듯 내 몸도 살살 달래는 수가 최고다.

'괜찮아… 괜찮아 넌 얼굴도 예쁘고 몸매가 끝내주잖아…'.

믿음의 유산

수필

 애써 보지 않으려고 밀쳐 내던 사진들이 발밑에 툭 떨어졌다.
 몇 개월 동안 보고 싶지도 생각하고 싶지 않았다. 내 자신이 속절없이 무너져 내릴 것 같아서다.
 그런데 오늘만큼은 쉽사리 놓지 못함은 어머니가 보고 싶어서다. 그리워서 한참을 들고 있다. 사진 속 사진은 성경을 읽고 있는 모습이다. 요양원에 계시면서 새벽 3시면 자식을 위해 기도하시고 틈나는 대로 성경을 읽으시면서 자식들을 기다리셨다.
 기다림에 지쳐서인지 하늘나라에 가신다고 티켓을

사달라고 조르신 날이 많아질 무렵, 연락받고 병원에 달려간 지 하루 만에 떠나셨다.

얼마나 하나님을 의지했으면 중풍으로 30년이란 긴 세월을 버티셨을까. 이 땅에서의 이별은 더없이 슬프지만 다시 만날 수 있다는 소망이 위로가 된다.

85세. 이 연세는 현재 우리나라 평균 여자들의 수명이라고 하지만 어머니에게는 분명 기적 같은 나이다. 55세에 아버지 병간호하시다가 과로로 쓰러져 중풍이 됐다.

아버지는 항암치료 하면 완치될 것이라는 희망을 가졌지만, 돌아가시던 날 내 손을 힘없이 잡으시면서 청심환 꼭 먹이고 따뜻한 곳에 누이라고 당부하시곤 황망히 떠나셨다.

오른쪽 수족을 못 쓰시는 어머니는 현대 의학으론 안 해 본 것이 없을 정도로 애써 봤지만 어머니보다 자식들이 먼저 지쳤다. 할 수 있는 거라곤 히스기아왕이 했던 기도처럼 새벽마다 통곡으로 15년만 수한을 연장해 달라는 기도뿐이었다.

하나님께서 어머니의 칠순 잔치로 응답하시던 날 두 팔을 높이 들고 덩실덩실 춤을 추었다. 80세 생신이던 날엔 자식들 이름을 새겨 넣어 살아 계심만으로도 감사하다는 감사패를 가슴에 안겨 드렸다.

 어머니는 몸이 불편함에도 불구하고 조금도 주눅 들지 않았던 것은 그만큼 하나님을 의지하는 믿음이 컸기에 매사에 자신감이 넘쳤고 신앙심은 담대했다.

 왼손잡이인데도 바느질뿐만 아니라 송편을 얼마나 예쁘게 빚으셨는지 떡집을 차리자고 너스레를 떨지만 실은 양손으로 만드는 내 손이 부끄러웠다.

 직장 다니는 딸이 안쓰러워 잠시라도 편하게 계시지 않았다.

 혼자 계실 때 고추 20근을 입으로 꼭지를 따서 다듬어 놓으셨던 날은 자식을 향한 엄마의 마음은 그 깊이와 넓이가 도대체가 어디쯤인가 뜨거운 눈물을 쏟았다.

 된장 고추장도 직접 담아 주면서 비법을 적어 놓으면 언젠가 요긴할 때가 있다고 하시더니, 어머니의 부재에 물어보고 싶을 때가 어디 한두 번인가.

10여 년 전 한 해에 다섯 번이나 수술하는 어려움을 겪을 때, 어머닌 불편한 몸으로 새벽마다 '차라리 날 데려가 달라고 몸부림치며 기도하셨다.'는 얘기를 전해 듣던 날 정신이 퍼뜩 들었다.

어머니를 생각해서라도 반드시 일어나야겠다고 억지로 먹으려 애쓰고 죽을 만큼 힘을 내니 잠자고 있던 세포들도 놀래 움직이기 시작했다. 새벽마다 흘린 눈물이 어머니를 살렸고 어머닌 딸을 살려냈다.

어머닌 늘 감사하다는 말을 하루에도 수십 번씩 호흡처럼 하셨다. 새벽에 기도하시는 어머니 옆에서 가만히 귀 기울이며 손을 꼽아 보니 50명에서 멈출까 했더니, 70명을 넘어서 100명이 넘도록 이웃들을 위해 중보기도 하시는 어머니의 모습은, 거룩한 빛으로 온몸이 둘러싸여 감히 범접할 수 없고, 기도 소리는 천상에서 들리는 듯했다.

8년 동안 요양병원에 계실 때도 딸이 온다는 날엔 얼굴을 곱게 단장하고 맞이하면서 여기가 참 좋다는 괜한 말로 더 안쓰럽고 죄스럽게 하시던 어머니다.

성경 말씀을 읽고 계신 모습을 사진으로 보내 주던 요양사 두 명도 하나님을 믿게 됐다고 자랑하셨다. 그 중 한 명이 어머니 발을 정성스럽게 닦아 드리는 모습이 멀리 있는 딸보다 가까이에 또 다른 딸의 보살핌에 마음이 놓였다.

한나처럼 중얼중얼 잠시도 쉬지 않고 기도하시던 자식들은 믿음의 반석 위에 세워진 가정들이 됐고 "믿고 구한 것은 반드시 얻은 줄 알라."라는 약속의 말씀을 유산으로 남겨 주셨다.

평생을 기도하셨던 바톤을 물려받았으니 희생하셨던 보답으로라도 무릎 꿇는 시간을 후손들에게 물려주리라.

천국 가시던 날. 영정 사진을 보고 슬픔보다는 중풍으로 30년을 이기신 어머니의 삶은 '참으로 위대했습니다. 진정 승리자입니다.'라는 말이 절로 떠오르도록 생전에 가장 행복했던 순간을 준비했기에 영원한 이별을 할 수 있었다.

환하게 웃고 계신 사진을 오래도록 바라보다 가슴에 안아본다.

"나 때문에 얼마나 힘들고 버거웠냐?"
눈물이 난다.
엄~마….

지금은 장기 휴가 중

수필

 올 들어 세 번째 오르는 산이다.
 멀찍이 올려 다 본 산을 한발 한발 내딛는 것이 새삼스럽다. 밤나무가 입을 쩍 벌리고 알밤을 토해냈을 때 시간 가는 줄 모르고 양쪽 주머니가 불룩하게 주워 온 다음 날이었다.
 TV를 보고 있는데 자꾸만 이상한 소리가 들려 주위를 둘러봐도 알 수가 없다. 물이 새는 소린가 수도꼭지를 확인했지만 역시 아니다. 이상하다. 고개를 돌리면 돌리는 대로 소리가 따라 움직인다. 쌕쌕거리는 소리는 맥박이 뛰는 간격으로 멈출 줄 모른다. 귀를 기울여 잠잠하면 소리는 점점 작아진다.

 그 밤을 하얗게 새우고 서둘러 병원에 갔는데 신경성이라는 상투적인 진단에 한 움큼 약만 처방받았다. 그 약을 다 먹을 때까지 차도가 없어 심란한 마음을 어찌할 바를 몰라 시무룩하게 앉아 있는데 갑자기 오른쪽 눈이 모든 사물들이 두 개로 보이는 것이 아닌가.

 아~차 싶다. 일이 벌어진 것임에 틀림없다.

 남편은 서둘러 두 번째 수술을 받았던 연세세브란스병원으로 향했다. 앵앵거리는 구급차에 실려 서울까지 가는 동안 불길한 생각으로 양손이 땀으로 흥건했다. 불과 석 달 전 성대종양수술과 성대마비수술을 했다. 수술하기 전 CT 촬영 결과 뇌혈관에 꽈리같이 붙어 난 것이 있었지만 수술엔 별문제가 되지 않는다고 했다.

 혈압이 높아 중환자실에서 특별 관리를 요한다며 어찌할 바를 모르는 가족과 격리를 했다. 중환자실이라는 중압감이 주는 극도의 공포감에 떠는데, 양쪽 팔엔 혈압기를, 가슴엔 심전도 검사 줄이 사방으로 연결되고 손가락에는 빨간불이 들어오는 이상한 것이 매달려 도

대체 꼼짝할 수가 없다.

오로지 할 수 있는 것이라고는 벽에 걸려 있는 시계를 바라보면서 하루 두 번씩 가족과 만날 수 있는 면회시간이다. 처참한 마누라 모습에 하염없이 눈물만 흘리는 남편 얼굴을 보며 놀리는 딸은 그래도 여유가 있다.

혈압이 안정된 6일째 수술을 했다. 무엇보다 힘든 것은 혈관 조영술이다. 의식이 있는 상태에서 혈관을 통해 머릿속을 헤매는 물질이 아찔아찔하다. 병명은 뇌출혈로 인한 경동맥해면동루다.

이틀은 중환자실에서 안정을 취하고 일반병실로 옮겼을 때는 가족들을 만난다는 기쁨으로 고통과 통증이 절반으로 줄어드는 기분이다. 그런데 두 개로 보이는 복시는 거의 정상으로 됐지만, 머리에서 나는 소리는 멈추질 않는다. 시간이 지나면 정상으로 된다는 의사 말만 믿고 퇴원했다.

이미 체중은 또 5Kg이 빠졌다. 성대수술로 제대로 먹을 수도 삼킬 수도 없는 상황이라 죽으로 연명하다 보니 앉아 있기도 힘들다. 수저가 무거워 손이 휘청거

려지니 어떻게 입까지 음식을 가져오나 멀뚱히 앉아 있는 자신이 한심스럽다.

어찌 살아갈까. 이렇게 힘들어하면서까지 살아야 하나. 이쯤에서 움켜쥐고 있던 끈을 놓자. 그래 이만하면 오래 산 거야. 더 이상은 욕심이다. 먹다만 죽을 바라보니 식욕은 십 리를 도망갔다. 먹어도 먹어도 허한 속을 무엇으로 달래나.

한참을 멍하니 있는데 갑자기 게으르고 인색했던 모습이 쫙~ 펼쳐진다. 시간이 아깝다는 핑계로 쉬는 방법도 모르고 앞만 보고 달리더니 돌아온 것은 이 지독한 병명 아닌가. 아주 오래전부터 몸 구석구석에서 몸이 우는 소리를 내며 신호를 보냈건만 애써 들으려 하지 않고 무시했다. 지금 감히 누굴 탓하는가.

왜 몰랐을까. 8시간이 넘는 대수술인데 마치 부스럼이나 종기 정도로 여긴 이 실수를. 하지만 이 어리석음 때문에 씩씩하고 용감하게 견뎌내는지 모른다. 그렇지 않았음 회복이 더디다고 정상적인 모습으로 언제 돌아가냐고 가족들에게 억지를 부리며 얼마나 괴롭혔을까.

진정 세상엔 공짜가 없는 걸까? 장기 휴가는 저만치 뒤처진 내 남은 삶을 마침표가 아닌 쉼표로 마음의 여유를 깨닫기엔 엄청난 대가를 지불한 셈이다.

'그래 너만 잘 되라는 법 있니?'

하루에도 몇 번씩 자신에게 툭 던져놓고 대답하는 이 말 뒤에는 남의 고통과 슬픔은 안중에 없고 멀찌감치 구경만 했었는데 이제는 알 것 같다. 겪어보지 않고 당해보지 않으면 결코 상대방을 끌어안을 수 없다는 사실을.

가슴이 먹먹할 정도로 죽음과 마주한 네 번째 수술실에서 처절한 기도로 하나님을 찾았다. 감히 내 생명을 저울질해 보지만 좀 더 살아야 된다는 쪽으로 기우니 이 암흑 같은 터널을 통과하면 진짜 어른이 되겠지.

병원 복도에 쓰여 있던 '오늘 살아 있다는 것이 축복이다.'라는 말이 생각난다. 얼마나 많은 환자들이 이 말 한마디에 이를 악물면서 용기와 희망을 갖고 자신과 처절한 싸움을 하는가.

삶과 죽음은 백지장 하나 차이라지만 마침표는 모든

것에 마지막으로 힘을 주어 찍은 일이다. 그러기에 이전보다 더 넓어진 가슴으로 힘을 내자. 그리고 더 많은 사람들을 사랑하자.

겨우내 버티고 있던 떡갈나무 잎이 사뿐히 내려앉는다. 밟고 지나가라고 계단처럼 몸을 내어 준 소나무 뿌리가 반들반들하다.

'아플 텐데…. 너도 참고 견디는 거지?'

땅속에 더 많은 뿌리를 내리고 덤으로 내놓은 배려인가.

핼쑥해진 모습을 보이기 싫어 빗장을 걸어 잠가 두었건만, 자글자글 쏟아지는 햇살이 안달 나게 한다.

어디쯤 가야 봄을 만날 수 있을까.

세상엔 공짜가 없다

휘날리던 눈발이 잠잠하다. 창가에 서서 잠시 망설이다 주섬주섬 옷을 입는다.

지금 할 수 있는 일이라곤 이것뿐인데. 막상 나와 보니 찬 기운이 오싹하다. 괜히 나왔나 후회했지만 발걸음은 운동장을 향한다. 트랙을 돌고 있는 사람들을 재빨리 세어보니 여섯 번째다.

내 지정은 5번 레인. 1번 레인보다는 좀 더 멀리 그렇다고 8번 레인은 아직은 아니고 딱 중간레인이다.

오후 햇살이 확 퍼진 이때쯤 시작한 것이 운동장 트랙을 도는 일이다. 운동이라곤 정말 숨쉬기 운동이외엔 하지 않았는데 오로지 살기 위해서라니 딱도 하다. 어이없게도 산은 다시 내려올 것을 왜 힘들게 올라가냐고 비아냥거렸고 운동장을 열심히 도는 사람들은 얼마나 할 일이 없으면 금쪽같은 시간을 저렇게 죽이나 내심 흉을 봤다.

그런데 죽음의 문턱에서 병원 창밖을 하염없이 바라보며 내 몰골이 말 할 수 없이 처참하여 얼마나 부러워했던가. 시간을 허비하는 것이 아니라 유산소 운동을 통해 근력을 키우며 자기 관리를 하는데 내 기준으로 호도한 대가를 치르는 자신이 한심스럽고 부끄러웠다.

오로지 내 탓일까. 아님 하나님의 계획하심일까.

천사와 내기한 욥의 고난처럼 나도 내기를 너무 좋아해 그 게임에 걸려든 것임에 틀림없다. 말하면 무엇하리.

고3 때 쉬는 시간에 옛날 영화에 나오는 남자 주인공 이름을 거론하다가 거의 반 전체가 합세해서 공격하던 일도 있었다. 지금 같았으면 금방 확인이 가능했

겠지만 끝내 굽히지 않고 우겼던 내기 사건이다.

톨스토이 작품에도 기가 막힌 내기가 있다. 그 자신도 나만큼 내기를 좋아했음이 분명하다. 몇십 년을 책만 읽으면서 홀로 지내는 게임을 이긴 후에는 어마어마한 포상이 있는데 그 주인공은 마지막 날 탈출했다는 줄거리다. 하찮은 내기가 인생을 얼마나 헛되고 무모하게 하는가를 얘기해주는 톨스토이 고백일 것이다.

마치 한숨 푹 자고 난 후 꿈에서 깨어난 것 같았다. 새벽에 눈을 떠 보니 된서리를 흠뻑 맞아 이전으로 되돌아갈 수 없는 모습에 당혹스러웠다.

왜 몰랐을까. 8시간이나 하는 대수술을 마치 작은 종기 정도로 가볍게 여긴 어리석은 실수 때문에 힘겨운 고통과 자책감으로 이중고를 겪어야 했다.

무엇보다 힘든 것은 물도 마음대로 마실 수 없어 수저로 떠먹어야 하고 음식을 넘길 수 없으니 죽도 한두 번이지 흰색만 봐도 진저리가 날 정도다.

성대종양수술을 하고 나서 얼마 동안은 말도 할 수 없었다. 가족 간의 의사소통도 필담으로 해야 되니 예민해질 수밖에.

　병문안 온 이웃에게 물만 짜서 먹던 수박 접시를 내동댕이쳐서 박살이 났다. 혼비백산으로 도망치다시피 간 이웃을 몇 달이 지난 후 찾아가 '그때 내가 미쳤어요. 용서하세요.'라고 말하니 충분히 이해한다며 환하게 웃어 주었다.

　6개월째 배부르게 먹질 못하니 위도 반으로 줄어들고 체중은 쑥쑥 내려가 정말 미치지 않고는 일어 설 수가 없었다.

　어찌 남 탓만 하고 웅크리고 앉아 독기만 품고 있다면 내 안에 있는 난 진짜 어른이 못 된다. 「리버보이」에 나오는 삶의 마지막 순간에 남긴 할아버지의 교훈은 '인생이란 가장 슬픈 날 가장 행복하게 웃는 용기를 배우는 것'이라 했다. 시원하게 못 울고 참고 있어서 슬픈 거다. 참지 말고 울고 싶은 만큼 울음으로 토해내는 거다.

　생명의 리듬에 몸을 맡기고 다시 일어서는 거야. 쓸모 있는 나무는 삶이 고달프지만 쓸모없는 나무는 천수를 누린다니 더 이상 자책하지 말고 쓸모없는 나무가 산을 지키는 산으로 가자. 내가 살 길은 바로 저 산이다.

배낭에 따뜻한 물과 부드러운 빵과 책 한 권을 넣고 돗자리도 챙겼다. 우선은 남하고 말하기가 불편하니 될 수 있으면 꽃과 나무에게 말하고 심지어는 밟고 지나가는 나무뿌리한테도 말을 걸었다. '너도 아프겠다. 그냥 참는 거지~.'

마음을 바꾸니 삼라만상이 다시 보인다. 마치 날 기다렸다는 듯 도와주겠다고 난리다. 시원한 바람이 손을 잡아 주고, 분명 꽃망울이었는데 순간 활짝 펴서 웃어 준다. 햇볕마저 그늘에 숨어 걸어가는 곳마다 따라온다. 돗자리에 누워 하늘을 보니 구름도 몰려와 커다란 하트를 그려준다.

'그래, 세상엔 공짜가 없다.'

다시 내리기 시작한 함박눈을 맞으며 발걸음에 신명이 난다.

오늘은 7번 레인으로, 내일은 8번 레인아 기다려라.

| 맺는말 |

옥상에서 빨래를 널다가 구름 한 점 없는 파아란 하늘을 올려다보는데 "그때 가정예배도 드렸잖아." 참 신기하다. 작은 일이라고 생각했는데 분명 하나님께서 영광을 받으셨구나.

남편과 둘이 오랫동안 성경을 번갈아 읽으며 가정예배를 드린 것도 쓰기를 원하셨다.

그때 주로 불렀던 찬송은 406장이다. 4절 가사는 부르기만 해도 은혜가 되고 힘이 났다.

> 능치 못한 것 주께 없으니 나의 일생을 주께 맡기면
> 나의 모든 짐 대신 지시는 주의 영원한 팔 의지해
> (후렴) 주의 영원하신 팔 함께 하사 항상 나를 붙드시니
> 어느 곳에 가든지 요동하지 않음은 주의 팔을 의지함이라

620장은 마음을 편안하게 해줘서 여러 번 부르곤 했다. 이 또한 성령님의 인도하심이다.

지금까지 살아오면서 펼쳐졌던 많은 고난과 질병을 온몸으로 맞서 이겨 낼 수 있었던 것은 전적으로 하나님의 은혜다.

한 2년쯤 됐을까. 잠자리에 누워 하늘에 별이 된 남동생을 생각하니 마음이 저려와 눈물을 흘렸다. 그때 주님이 평강으로 찾아오셔서, 그동안 잘 이겨 냈다고

칭찬해 주시고 위로해 주시는 느낌을 받았다. 그 이후로는 그리워할 뿐 눈물은 흘리지 않았다.

왠지 환난을 지나 영화로운 시험에 통과한 마음이랄까. 2023년 송구영신예배 때 선포하신 목사님의 말씀 중

두려워하는 자를 위하여 쌓아 두신 은혜 곧 주께 피하는 자를 위하여 인생 앞에 베푸신 은혜가 어찌 그리 큰지요(시편 31:19)

이 말씀을 마음으로 받아 내 삶을 뒤돌아보며 하나님을 믿는 믿음이 내 인생을 얼마나 값지고 풍요롭게 역사하셨는지 간증하지 않을 수 없어서 쓰기 시작했다. 이 간증문을 읽는 사람들에게 간곡한 심정은 꼭 예수님을 구주로 영접하여 나와 같이 예수님으로 인하여 '일생이 행복했노라' 고백할 수 있기를 진심으로 기도드린다.

또한, 청주중앙순복음교회로 인도하신 하나님께 무한 영광을 올려 드리며, 하나님 사랑이 특심하신 김상용 당회장 목사님께 진심으로 감사드린다.

예수님을 만나 보세요.
　　　　　　인생이 바뀝니다.

왜 살리셨을까

2024년 12월 15일 초판 인쇄
2024년 12월 20일 초판 발행

지은이 임정순

발행인 강병욱
발행처 도서출판 교음사

03147 서울 종로구 삼일대로 457 수운회관 1308호
Tel (02) 737-7081, 739-7879(Fax)
e-mail : gyoeum@daum.net
등록 / 제2007-000052호

* 잘못된 책은 바꿔 드립니다. 값 15,000원

ISBN 978-89-7814-057-7 03230